早わかり ひもとロープの結び方

オールカラー！

小暮幹雄 著

ナツメ社

もくじ

本書の使い方と特徴 ……………………………………………………… 6

第1章 ロープワークの基礎知識

1 結び方をどう選ぶか ……………………………………………… 8

2 結びを構成する3つの要素 …………………………………… 12

3 ロープワークで使う言葉を覚えよう ……………………… 13

4 ロープの分類と構造 …………………………………………… 14

5 使用目的に合わせたロープの選び方 ………………… 18

6 ロープの正しい扱い方 ……………………………………… 20

7 安全に使うための点検とメンテナンス ……………… 22

8 ロープの保管方法 ……………………………………………… 24

9 基本の結びを覚える …………………………………………… 25
　ロープにコブ（結び目）を作る ……………………………… 25
　ロープをつなぐ ……………………………………………………… 27
　ロープを縮める ……………………………………………………… 30
　ロープをものに結ぶ ……………………………………………… 32
　ロープに輪を作る ………………………………………………… 34

第2章 キャンプで役立つ結び

1 テントやタープを張る ………………………………………… 38
　テントやタープの張り綱を木に結ぶ ……………………… 38
　グロメットにロープを通してとめる ……………………… 42
　ペグの代わりに石を使う ……………………………………… 45
　張り綱の長さを調整する ……………………………………… 47
　張り綱の始端の位置を変える ……………………………… 49
　タープの支柱を引っ張る ……………………………………… 50

2 ロープをつなぐ・長さを調整する …………………… 52
　ロープ同士をつなぐ ……………………………………………… 52
　長すぎるロープを短くする …………………………………… 56

3 アウトドアで快適に過ごす ………………………………… 58
　洗濯物などを干す ………………………………………………… 58
　ナイフや小物にひもをつける ……………………………… 60
　丸太を使ってはしごを作る …………………………………… 61
　木材を使った工作物を作る …………………………………… 62

4 ものを運ぶ …………………………………………………………… 72

2

バケツに結んで水をくむ ………………………………………… 72
薪を運ぶ ………………………………………………………… 73
スイカを運ぶ …………………………………………………… 74
ものを上げ下げする …………………………………………… 76

第3章 登山で役立つ結び

1 立ち木や岩、体にロープを結ぶ ……………………… 78
木や岩にロープを結ぶ ………………………………………… 78
体にロープを結ぶ ……………………………………………… 80
2 ロープ同士をつなぐ ……………………………………… 82
ロープ同士をつなぐ …………………………………………… 82
3 ロープに輪を作る ………………………………………… 86
中間ループを作る ……………………………………………… 86
4 スリングで支点を作る …………………………………… 89
支点を作る掛け方 ……………………………………………… 89
カラビナにロープを掛ける …………………………………… 90
5 荷物を引き上げる ………………………………………… 91
ザックを引き上げる …………………………………………… 91

第4章 釣りで役立つ結び

1 テグス同士をつなぐ ……………………………………… 94
チチ輪を作る …………………………………………………… 94
テグス同士をつなぐ …………………………………………… 95
太さの異なるテグスをつなぐ ………………………………… 96
2 釣具にテグスを結ぶ ……………………………………… 97
釣り針にハリスを結ぶ ………………………………………… 97
枝針のつけ方 …………………………………………………… 99
連結金具に結ぶ ………………………………………………… 101
釣り糸を竿の先に結ぶ ………………………………………… 104
ルアーにテグスを結ぶ ………………………………………… 105

第5章 荷造りに役立つ結び

1 荷物を縛る ………………………………………………… 108
始端の固定 ……………………………………………………… 109
ひもの掛け方 …………………………………………………… 111

3

交差部を固定する……………………………………114
末端の結び方……………………………………………116

2 古紙を縛ってまとめる……………………………118
古新聞や古雑誌をまとめる……………………………118

3 荷物を運ぶ……………………………………………122
壊れ物の梱包のしかた…………………………………122
軽い荷物に持ち手をつける……………………………123
持ち手をつけて運ぶ……………………………………124
円筒形の荷物を縛って運ぶ……………………………125
植木鉢やつぼを吊るす…………………………………126
ふくろの口を縛る………………………………………127

4 荷台の積載物にロープを掛ける…………………129
ロープの掛け方…………………………………………129
始端を固定する…………………………………………129
末端を固定する…………………………………………130
オートバイや自転車の荷台に積む……………………132

第6章 日常生活を便利にする結び

1 物干しロープを張る………………………………134
始端を柱に結ぶ…………………………………………134
強く張りながら末端を固定する………………………135

2 靴ひもを結ぶ…………………………………………136
緩みにくい結び方………………………………………136
靴ひもの掛け方…………………………………………138

3 ガーデニングで使う………………………………140
竹垣を作るポイント……………………………………140
十字に組んだ竹の交差部を固定する…………………141
柵を作る…………………………………………………143
支柱に植物をとめる……………………………………146

4 マットやコースターを作る………………………147
マットを作る……………………………………………147
鉢やびんを飾る…………………………………………150

第7章 緊急時に役立つ結び

1 高いところから避難する…………………………152
体を支えて高いところから下りる……………………152
コブを使ったはしごを作る……………………………155

4

中間ループを使ったはしごを作る ································· 157
体にロープを結ぶ ·· 158
負傷者を高いところから下ろす ····························· 160
シーツやカーテンをつなぐ ·································· 162
ベルトをつなぐ ·· 163

2 命綱を作る ·· 164
ロープの端に大きなコブを作る ····························· 164

3 包帯の巻き方 ··· 166
包帯の種類と特徴 ··· 166
腕や脚に巻く（太さが同じ箇所に巻く） ··················· 167
腕や脚に巻く（太さが変わる箇所に巻く） ················· 168
手に巻く ·· 169
手の指に巻く ·· 170
肘や膝に巻く ·· 171
足に巻く ·· 172
足の指に巻く ·· 173

4 三角巾を使った応急手当 ·································· 174
三角巾で腕を吊る ··· 174
足首を巻く ·· 175

5 ケガをした人を運ぶ ·· 176
動けない人を背負う ·· 176
簡易担架の作り方 ··· 179

第8章 ロープの保管とまとめ方

1 ロープの端をとめる ·· 182
応急措置で簡単にとめる ····································· 182
端を糸で巻いてとめる ·· 183
三つよりロープの端を編んでとめる ······················· 184

2 ロープをまとめる ··· 186
ロープのわがね方 ··· 186
ロープのまとめ方 ··· 187

さくいん ·· 191

本書の使い方と特徴

わたしはボーイスカウト時代から結びに興味を持ち、日々研究を続けてきました。その中でも特にみなさんに知ってほしい結びを選んで紹介したのが本書です。ただ、これらを全部覚える必要はありません。本書をパラパラめくってみて、自分に役立ちそうな結びがあったら、繰り返し練習してみてください。

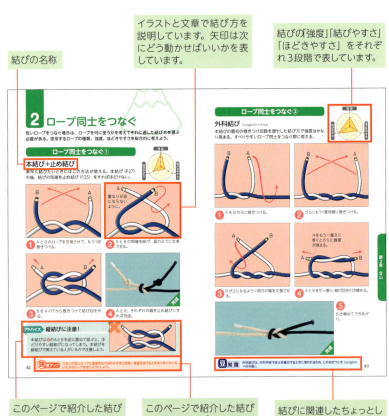

結びの名称

イラストと文章で結び方を説明しています。矢印は次にどう動かせばいいかを表しています。

結びの「強度」「結びやすさ」「ほどきやすさ」をそれぞれ3段階で表しています。

このページで紹介した結びでさらに覚えておきたいことを「アドバイス」にまとめています。

このページで紹介した結びの強度をアップさせるための方法を解説しています。

結びに関連したちょっとした知識をまとめています。

第1章

ロープワークの基礎知識

覚えやすく、いろんな状況で使える信頼性の高い結びを「基本の結び」としてP25以降にまとめました。これらは手に覚え込ませるくらい練習して身につけてください。

1 結び方をどう選ぶか

結び方を決める3つのポイント

数ある結び方の中から目的にあったものを選ぶにはどうしたらいいか？ まず最初に考えるべきは次の3つのポイントだ。

POINT 1 強度

大きな荷重がかかる場合はそれ相応の強度の結びが必要だ。ケガや事故につながるから、3つのポイントの中でもいちばん慎重に考えたい。

POINT 2 結びやすさ

人の身体を固定する際はある程度の強度が必要だが、新聞をまとめる程度なら簡単に結べる方法を選びたい。

POINT 3 ほどきやすさ

固定したらしばらくほどかない場合と、すぐにほどく場合とでは結び方は異なる。強度とほどきやすさは相反することもある。

豆知識　英語では結びのことを「ノット＝ knot」「ベンド＝ bend」「ヒッチ＝ hitch」という。

結びの強度を決めるのは？

一般的に結び方が複雑だとほどけにくく、結び方が簡単だとほどけやすい。ロープとロープが接触している面、またロープと結ぶもの（木材など）が接触している面を「摩擦面」と呼ぶが、複雑な結び方ほどこの摩擦面が広くなるため、強度が高くなるのだ。

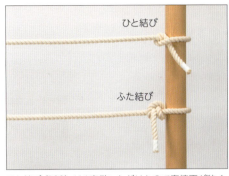

ひと結び（P32）は1度巻いただけなので摩擦面が狭く、強度は低い。ふた結び（P33）は2度巻いているので、ひと結びと比べて摩擦面が広く、強度が高い。

同じ結びでも素材によって強度が異なる

ロープにはすべりやすい素材のものとすべりにくい素材のものがある。同じ結びでもすべりにくい素材のロープのほうが強度は高い。また、同じ素材でも直径が大きいロープ（太いロープ）のほうが強度は高い。

8mm綿の三つよりロープでの止め結び

4mmナイロンの三つよりロープでの止め結び

同じ結びでも素材や太さが異なると強度が変わる。シチュエーションによってロープを選ぶ必要がある。

アドバイス　ロープは切らないで使おう

ロープは切らないほうがロープ自体の強度が保てる。例えば、ロープ同士をつなぐとき使われる「二重つぎ」は強度の高い結びとして知られているが、それでも単独ロープの強度にはかなわない。

二重つぎ

豆知識 英語の「ノット＝knot」は、一般的にロープの両端を結びによって固定するという意味。また、結び全般をいうときにも「ノット」という。

第1章 基礎知識

ほどけやすい結びをほどけにくくするには？

　すべりやすい素材を使ったロープでは、摩擦面が広い結びでも簡単にほどけてしまうことがある。ほどけやすい結びのときは、端にコブを作るといった処理をすることで、ほどけにくくすることができる。

巻き結び+止め結び

端を止め結び（P25）で結んでおくと結び目から抜けにくくなる。

巻き結び+ひと結び

柱に結んだときは最後にひと結び（P32）を入れることで強度が高まる。

強度の高い結びをほどけやすくするには？

　すぐにほどく必要がある場合に便利なのが「引き解け」だ。「引き解け」はロープの端を引くことで簡単にほどくことができる形のこと。例えば、靴ひもの結びでよく使われる「はな結び（蝶結び）」も引き解けの形をしている。端を2つ折りにして結びに通すだけで引き解けの形になる、と覚えておこう。

端を2つ折りにしないで結びに入れる、本来の「ふた結び」。

端を引っ張ることですぐにほどくことができる。

引き解けふた結び。端を2つ折りにして結びに入れることで引き解けの形になる。

 一般的に「ベンド= bend」は2本のロープをつなぐときの結びのこと、「ヒッチ= hitch」はロープを木やものに結ぶときの結びのことをいう。

アドバイス 結びを分類してみると

結びを用途によって分類すると、次の5つに分けることができる。

▶ロープをつなぐ
ロープをつないで長くしたり、ロープの端と端をつなぐ結び。強度を確認することが必要。

▶ロープをものに結ぶ
立ち木などにロープを結びつけるときに使用。強度やほどきやすさを考えて結びを選ぶ。

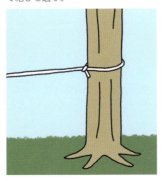

▶ロープにコブ（結び目）を作る
ロープの端や中間にコブを作って、握り手として利用したり、ストッパーに利用できる。ロープを遠くに投げるときにも使える。

▶ロープを縮める
長いロープを短くするときの結び。傷ついている箇所を短縮して力がかからないようにすることもできる。

▶輪を作る
ロープの先端や中間に輪を作る結び。輪が緊縮するものと緊縮しないものがある。

豆知識 船の速さを「ノット」という単位で表すことがある。これは速度計が誕生する以前、船の速度を結び目のあるロープで測っていたため。

2 結びを構成する3つの要素

基本的にどの結びも下で紹介する「掛け」「巻き」「縛り」の3つの要素で構成されている。段階としては①掛け→②巻き→③縛りを経る。この言葉は結びの手順を説明するときによく出てくるので覚えておこう。

掛け

ロープの端がものやロープにかかって曲がった状態のこと。「ターン」とも呼ばれる。

巻き

ロープの端と元を交差させて輪を作った状態のこと。「ラウンド・ターン」と呼ばれることもある。

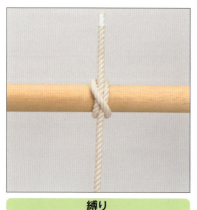

縛り

「巻き」から進んで、輪の中に端を通した状態のこと。

さらにしっかりと巻きつけるために、もう一度、巻きを入れた形を「ふた巻き」という。

豆知識 釣りで使われる結びは「ベンド」「ヒッチ」も含めて、「ノット」と呼ばれることが多い。

3 ロープワークで使う言葉を覚えよう

本書では、ロープの各部の名称を使って結び方を解説している。ロープワークの講習会などでも使われる用語なので、ぜひ覚えておこう。

第1章 基礎知識

端（はし） 結ぶ際に動かす先端のこと。「動端」「手」「エンド」「ランニング・エンド」と呼ばれることもある。

元（もと） 結ぶときに動かす「端」に対して動かさない部分のこと。「スタンディング・パート」とも呼ばれる。

ループ ロープを曲げて作る湾曲部のこと。基本的に交差したり、閉じていない状態を指す。

輪（わ） ロープが交差したり結ばれることでできる輪のこと。

目（め） ロープを編み込んで作られた輪のこと。「アイ」とも呼ばれる。

豆知識 ループの中でも小さなものを「バイト= bite」（小さいサイズのこと）と呼ぶ場合がある。

4 ロープの分類と構造

三つよりロープの特徴

大きく分けると、ロープには、三つよりロープと編みロープがある。

三つよりロープは、3つの細いひもをより合わせた構造をしたロープで、強度が高く伸びにくいのが特徴。ただ、やや固くて、よじれ（キンク）が生じやすいという欠点もある。

Zよりロープ	Sよりロープ

三つよりロープにはより合わせる方向によって「Zより（左より）」と「Sより（右より）」が存在するが、一般的に使われているロープはほとんどがZよりだ。

豆知識 ひもや縄のことを総称して「ロープ＝ rope」と呼ぶが、船で使われる太綱は「ホーサー＝ hawser」と呼ばれる。

三つよりロープの構造

　三つよりロープは、繊維（ファイバー）をより合わせた糸（ヤーン）を数十本より合わせたストランドを3本より合わせた構造となっている。

糸（ヤーン）
繊維をより合わせたもの。

繊維（ファイバー）
極細の糸。

ストランド
糸（ヤーン）を数十本より合わせたもの。

3つのストランドをより合わせると三つよりロープになる。

ストランドとヤーン、そしてロープ自体をより合わせる方向はそれぞれ逆向きとなっていて、この構造がロープの強度を高め、ほどけにくくしている。

豆知識　ロープの繊維には、「植物繊維」と「化学繊維」がある。植物繊維は「天然繊維」、化学繊維は「人造繊維」と呼ばれることもある。

編みロープの特徴

　ストランドを編んだ構造となっており、三つよりロープと比べると、柔らかくて作業がしやすく、よじれや型崩れが起きにくい。扱いやすく見た目も美しいが、その反面伸びやすく、強度は同じ太さの三つよりロープより劣る。非常に多くの種類があるが、ホームセンターなどによく置いてあるものを紹介しよう。

金剛打ちロープ

ストランドを幾重にも編み込み、表面がなめらかで強度がある。ホームセンターなどに置いてあるのはこのタイプが多い。

ブレード・ロープ

ブレード (braid) とは「編み」のこと。内側に繊維を束ねた芯が入っていて、編みによる外皮が一重や二重になっている。

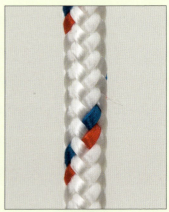

豆知識 アウトドアでよく使われるパラコード (paracord)。これはパラシュート (parachute)、ひも (cord) が語源でその略称。

編みロープの構造

　編みロープはストランドをより合わせるのではなく、文字通り編んだ構造になっている。繊維（ファイバー）をより合わせてストランドを形成している点は三つよりロープと同様。ロープの内部に繊維の固まりである芯が入っているものと、入っていないものが存在する。

金剛打ちロープの構造

内芯
強度を持たせるために芯が内部に入っている。芯がないものもある。

ファイバー
外側の編んである部分の素になる細い糸。

ストランド
ファイバーをよりあわせたもの。ストランドを編むことで外側の被覆になる。

ブレード・ロープの構造

内芯
外側を被覆と同じ材質の繊維を芯としている。

ファイバー
細かいファイバーをより合わせたものを編み込んで外側の被覆にしている。

豆知識　ロープはホームセンターで購入できるが、登山、船、釣りなどハードな状況で使用する場合は専門店で相談して購入すべきだ。

5 使用目的に合わせたロープの選び方

化学繊維ロープの長所と短所（天然繊維との比較）

長所	・天然繊維に比べると柔軟で強度や耐久性・耐水性が高い ・比較的軽いものが多い
短所	・熱や摩擦、紫外線に弱い ・伸びやすい ・すべりやすい

▶代表的な化学繊維ロープの特徴

素材	特徴	用途例
ナイロン・ロープ	一般に購入できる化学繊維ロープの中では最も強度が高く、柔軟で扱いやすい。摩耗や衝撃にも強い。伸びは大きく、すべりやすい。水に浮かない。	【細】装飾・ネット 【太】登山
ビニロン・ロープ （クレモナ・ロープ）	耐候性（屋外での変形、劣化等が起こりにくい性質）に優れ、すべりにくい。耐水性にも優れる。ただし、水に濡れて乾くとやや硬くなる。	テントやタープ 各種結束用など 用途が多い
ポリエステル・ロープ	耐候性・耐水性・摩擦などに非常に強い。強度に優れているため、アウトドアでよく使われる。	テントやタープ 各種結束用など 用途が多い
ポリエチレン・ロープ （PE）	耐水性に非常に優れている。軽量で強度が高く、伸びにくい、擦れにも強い。水に浮く。	農園芸用・物干し ネット マリンスポーツ
ポリプロピレン・ロープ （PP、パイレン・ロープ）	安価で強度が高く、すべりにくい。水に浮く。耐薬品性も高い。紫外線、熱には弱い。	マリンスポーツ 救助用
テトロン・ロープ	耐水性、耐候性、耐薬品性が高く、擦れや伸びにも強い。濡れても強度の低下がない。	屋外用 マリンスポーツ

豆知識 梱包によく使われるビニールテープにはポリエチレン製（PEテープ）とポリプロピレン製（PPテープ）がある。

ロープは、素材別に分けると、化学繊維と天然繊維がある。化学繊維は化学的に合成・加工して作った繊維、天然繊維は自然にある主に植物繊維や動物繊維を用いて作った繊維のこと。素材による特徴と、主な用途を下の表にまとめた。

天然繊維ロープの長所と短所（化学繊維との比較）

長所	・価格が安い ・伸びにくい ・見た目がよく、クラフト向き
短所	・強度や耐水性に劣る ・腐食しやすい ・硬く、操作がしにくい

▶代表的な天然繊維ロープの特徴

素材		特徴	用途例
木綿ロープ		天然繊維の中では柔らかく扱いやすいのが特徴。耐湿性、吸水性が高く、濡れると硬くなるものの柔軟性は失われない。耐水性に劣る。	クラフト 装飾用
麻ロープ	マニラ・ロープ	マニラ麻の繊維で作られていることからこう呼ばれる。天然繊維の中では強度があり、柔らかいが耐久性にも優れている。軽く、水にも浮く。	クラフト 農園芸 屋内作業
	ヘンプ・ロープ	大麻の繊維を使っており、非常に強度が高いが水に弱く腐食しやすいという欠点もある。	
	タール・ロープ	ヘンプ・ロープにタール油を染み込ませ、耐水性と耐久性を向上させたもの。屋外作業にも使えるが、柔軟性はなく扱いにくい。	
サイザル・ロープ		リュウゼツランの繊維（サイザル繊維）を用いたロープで、強度は木綿ロープより高いが、マニラ・ロープよりは低い。柔軟性は低く、耐水性も劣る。	クラフト 農園芸 屋内作業
カイヤー・ロープ		ヤシの殻の繊維で作られたロープ。とても軽く、水に浮くが、強度や耐久性はマニラ・ロープの半分程度とされる。	クラフト 農園芸 屋内作業
シュロ（棕櫚）縄		棕櫚皮からとれる黒褐色の繊維で編んだ縄。非常に軽く、耐水性も高いが強度は低い。	農作業用

豆知識 PEテープとPPテープのうち、幅が広い薄型のテープのことを「スズランテープ」と呼ぶことがあるが、これは商標名が市場名になったもの。

6 ロープの正しい扱い方

1 使用の前後には点検を

事故を防止するためにも使用の前後にはロープに異常がないか点検しておこう(点検のしかたは P22)。

2 危険なロープは使用しない

古くてすり切れているロープ、やわらかくなってしまったロープを過酷な状況下で使用するといったことがないように。

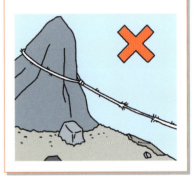

3 端どめをする

ロープの両端には端どめの処理をしておこう。これがされていないと、そこからほつれが広がり、ロープが使えなくなってしまうこともある (端どめ P182～)。

4 地面に直接置かない

泥や砂利などがロープの内部に入ると、内部の繊維が傷ついてしまう。敷いたビニールシートの上に置くようにしよう。

豆知識 化学繊維ロープの中には、表面がなめらかですべりやすいものがある。ロープ同士の摩擦が起こりにくく、すぐほどけてしまうものがあるので注意しよう。

ロープの性能を十分に引き出し、安全に使うためには正しい扱い方をすることが必要。ロープを長持ちさせられるだけでなく、場合によっては身の安全を守ることにもつながる。

5 大きな力を急激に加えない

ロープに大きな力が急激にかかると、伸びたり切れたりすることもあるので危険。また、そうした力が加わったロープは、内部が傷んでいる可能性があるので使わないようにしよう。

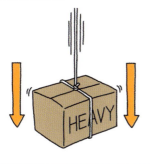

6 強度を考えて使う

ロープには耐荷重が存在する。その数値を超えた力が加わらないよう、重いものを吊る際にはロープを二重にするなど注意が必要。

7 濡らさない

多くのロープ、特に天然繊維のロープは水に弱い。濡れたロープはすべりやすくなり、ほどきにくくなるだけでなく、耐久性も低下する。

8 当て布を使用する

立ち木にロープを掛ける場合、ロープや木を傷つけないように布を当てるべき。ロープに布や革などを巻くのも有効だ。

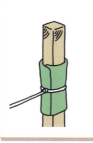 

豆知識 ロープの強度はkN（キロニュートン）という単位で表される。1kgの物質にはたらく重力が9.8N。100kgの物質にはたらく重力が980N＝0.98kNと覚えておこう。

第1章 基礎知識

7 安全に使うための点検とメンテナンス

使用前後は必ず点検を

　ロープを安全に使うために、使用前と使用後には必ず点検をしたい。ロープは消耗品だ。古いロープや長期間使っていなかったロープ、傷や汚れのあるロープは使用せずに処分しよう。特に登山やマリンスポーツなど、命に関わるようなシーンで使うロープは、徹底して安全に注意すべきだ。ロープは大切に使えばかなり長持ちするが、保管状態が悪かったり、大きな荷重がかかったりすると、内部の腐食や切れが生じて強度が著しく低下する。過酷な条件で使用する場合は、少しでも不安のあるロープは使用を控え、危険を伴わない別の用途に使おう。

▶点検のポイント

1　傷や汚れがないか

ストランドやヤーンが切れていないか、土や砂利などの汚れがついていないかを確認する。表面が1箇所切れていただけだとしても、そのロープは使うのはやめよう。

2　より目が乱れていないか

ストランド同士のすき間が広がってしまったり、詰まっている状態を「より目が乱れている」というが、この状態のロープは強度が低下していて危険だ。その部分を切除するか、そのロープは使わないこと。

> **豆知識**　手でロープをたぐりながら、目と触感でよじれや切れ、汚れなどをチェックするのが点検の基本。

3 キンクができていないか

ロープが「くの字」型に変形してしまった箇所を「キンク」と呼ぶ。ロープの中間部分がひねられた状態でゆるみ、輪になったまま力がかかると生じる現象で、天然繊維の三つよりロープで起こる。一度できてしまうと強度が極端に落ちるので、使わないほうがよい。

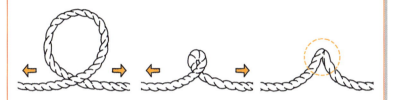

輪がねたロープを伸ばすときにできた輪の左右を強く引っ張るとキンクができる。

4 腐食していないか

ロープの一部が変色していたら、それは腐食している可能性がある。腐食や虫食いは天然繊維のロープで起こるトラブルで保管状態が悪いのが一番の原因だ。湿気の多い場所や、濡れた状態で保管しているとカビが発生し、そこから腐食が始まる。腐食したロープは簡単に切れてしまうので、使わないようにしよう。

5 過荷重で使用していないか

過度な荷重や、急激な荷重を受けたロープは表面的には問題ないように見えても内部で繊維が切れたり、伸びてしまっている可能性がある。再び大きな力がかかった際に切れてしまうことも。

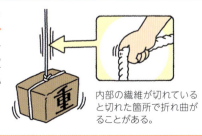

内部の繊維が切れていると切れた箇所で折れ曲がることがある。

豆知識 化繊ロープを結ぶときに多いのが手との摩擦で起こる火傷。強い力を掛ける必要があるときは、アウトドア用のグローブを使おう。

8 ロープの保管方法

　ロープを安全に使うために保管にも気をつけよう。特に野外で使用した場合は、洗浄や乾燥を忘れずに。テントやタープに付属するロープは、本体やポールとともにまとめてしまってメンテナンスを怠りがちだ。撤収する際に取り出しやすいところにまとめておき、自宅に着いたら洗浄や乾燥を行うようにしよう。

▶保管のポイント

1 洗浄をする

軽い汚れの場合は、よく絞った雑巾でふくだけでよい。汚れがひどい場合は水を流すかしばらく水につけて軽くこする。海で使用したロープはしばらく真水につけて塩抜きしよう。

こすり過ぎると表面が摩耗して劣化が早くなるので注意しよう。

2 陰干しする

ロープにとって日光（紫外線）、湿気、化学薬品は大敵。洗浄したら陰干ししでしっかり乾燥させよう。

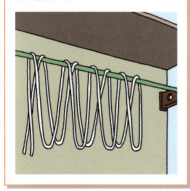

3 高温・低温での保管をさける

高温はロープの劣化を早めるので、夏期、外に出しっぱなしにしたり、車のトランクに入れっぱなしにはしないこと。

豆知識 アウトドア用品を車中で保管する人がいるが、車内温度が非常に高くなる夏場はロープ、テントやタープの生地の劣化が早くなる。日の当たらない冷暗所で保管するように。

9 基本の結びを覚える

ここで紹介するのは、日常生活でもアウトドアでも使用できる、手に覚えさせておきたい結びだ。自然と手が動くくらい繰り返し練習しよう。

ロープにコブ（結び目）を作る①

止め結び Overhand Knot

最も簡単ですべての結び方の基本となる結び。他の結びの強度を増すために端に結ばれることがある。

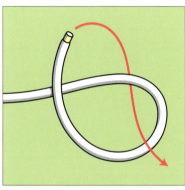

① ロープの端に輪を作る。

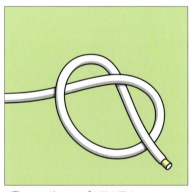

② その輪にロープの端を通す。

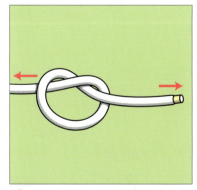

③ 端と元を引っ張り、結び目の位置を調整しながら引き締める。

④ 完成。

 止め結びは「ストッパー・ノット」といわれることもある。これは「端がほぐれるのをこの結びで防ぐ」という意味がある。

25

ロープにコブ（結び目）を作る②

8の字結び Figure of Eight Knot

8の字を描く結び。ロープに大きめのコブを作ることができ、ほどきやすい。

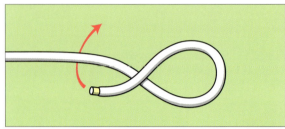

❶ ロープの端で輪を作る。

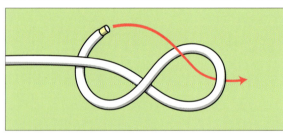

❷ 元の下から端を通して8の字を描くように回す。

❸ 最初に作った輪に端を通して結び目を作る。

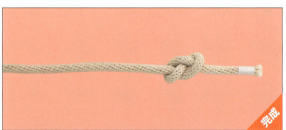

❹ 端と元を引っ張り、結び目を引き締めたら完成。

豆知識　8の字結びは止め結びよりも大きな結びに見えるが、直径はほぼ同じ。したがって、同じサイズの穴に通すことができる。

ロープをつなぐ①

本結び Square Knot

材質と太さが同じロープを結ぶときに使う結び。一方がすべりやすいロープだとほどけやすくなるので注意。

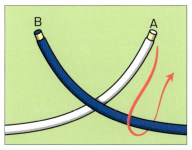

① ロープの端を交差させる（Aが下、Bが上になるように）。

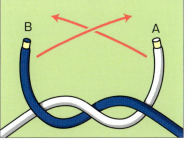

② Aの端をBに矢印のように巻きつける。

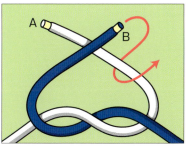

③ ロープの端を図のように交差させる（Aが下、Bが上になるよう）。

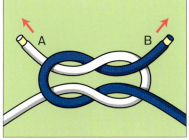

④ BをAに巻きつけて結び目を作る。巻きつける方向に注意。

⑤ 左右の端と元を引き締めて完成。AとBの重ね方、巻きつける向きを間違えないようにしよう。

豆知識 本結びの巻き方を間違えると「縦結び」になることがある。「縦結び」を本結びと間違えて覚えている人もいる。P82を参考に自分の結びをチェックしよう。

ロープをつなぐ②

はな結び Bow Knot

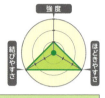

「蝶結び」とも呼ばれ、靴ひもやリボンなどを結ぶ際に用いられる。両端を引いてほどきやすいのが特徴。

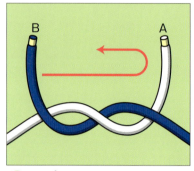

① ロープの端と端を1回絡ませる。

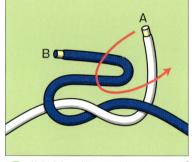

② 片側（B）の端を二つ折りにしてループを作る。

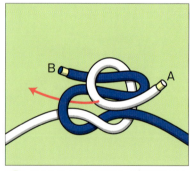

③ もう片方（A）の端をループに巻きつけ、中間部分をできた輪に通す。

④ 左右にできた輪と、両方の元を引っ張って引き締めれば完成。

アドバイス　「止め結び継ぎ」とは？

2本のロープの端と端をあわせて止め結び（P25）にするという、簡単な結びでもロープ同士をつなぎ合わせることができる。強度も高い。

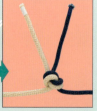

豆知識 両端を折って「本結び」にしたものが「はな結び」。つまり、本結びの引き解けバージョンということだ。

ロープをつなぐ③

テグス結び Fisherman's Knot

テグスとは釣り糸のこと。釣り糸同士はもちろん、太さの異なるロープ同士にも使える。強度が高く、すべりやすいロープ同士でも使える。

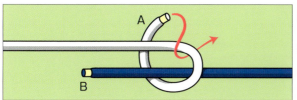

❶ 2本のロープの端と端を互い違いに並べ、Aの端をBの元の下から絡ませる。

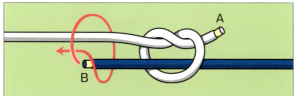

❷ Aの端で止め結びを作る。

❸ Bの端も同様にAの元に絡ませ、止め結びを作る。

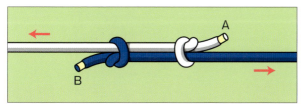

❹ 左右の元を引っ張る。

❺ 結び目同士を強くくっつければ完成。止め結びが緩むとすぐにほどけてしまうから注意しよう。

> **豆知識** テグス結びは、「ウォーター・ノット」「アングラーズ・ノット」の別称も。また、「トゥルー・ラバーズ・ノット」（恋人たちの結び）というロマンチックな別称もある。

ロープを縮める①

縮め結び Sheepshank

結んだ後でも長さの調整が可能で、両側から引っ張られていれば緩むことはない。あまり強い力がかかるとほどけてしまうので注意。

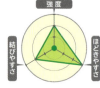

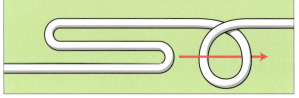

 ロープを2つに折り、一方の元に輪を作る。右手で持って反時計回りにひねると作りやすい。

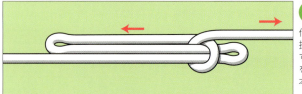

 作った輪の中に2つ折りにした部分を通す。右手でロープの元を、左手で左側の3本を持って引っ張る。

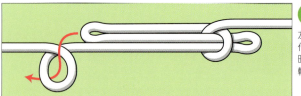

 左側にも同様に輪を作る。左手で持って時計回りにひねると輪ができる。

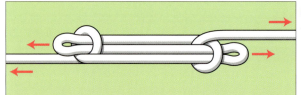

 両側の元を持って引っ張る。

 結び目を引き締めて完成。

豆知識　縮め結びはロープを縮めるときの最も簡単な方法だ。結びに工夫を施すことで強度を増すことができる (P57)。

ロープを縮める②

引き解け縮め結び

両側から力が加わるほど、ほどきにくくなるため、長期間ロープを短くしておく際に使える結び方。

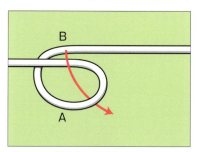

① ロープの中間に輪を作り、そのなかにBを通して輪を作る。

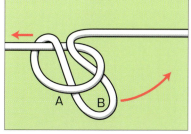

② できた輪と元を引っ張って、Aの輪を引き締める。同時にBの大きさで長さを調整する。

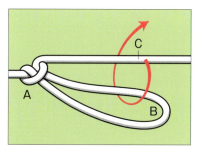

③ Bの輪の中にCを通す。

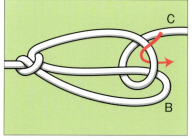

④ ❸でできた輪の中にロープの端を通す。

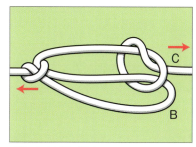

⑤ 左右に引っ張る。

⑥ 結び目を引き締めて完成。

 「引き解け縮め結び」の「引き解け」は完成図の左側の輪が引き解けになっていることから。つまり、右の止め結びを解除して緩めれば、ほどくのは簡単。

ロープをものに結ぶ①

巻き結び Clove Hitch

立ち木などにロープを結ぶ際の基本となる結び方。シンプルで結びやすく、ほどきやすい。

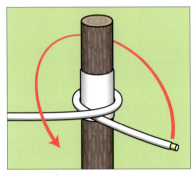

① ロープを木に対して手前から奥に向かって巻きつけ、端は元の下から出す。

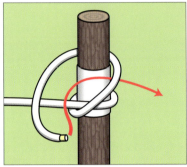

② もう1回木にロープを回し、今度は元の上から出す。

③ ロープの端を2回目に巻きつけた輪に通す。

④ 元と端を引っ張りながら、結び目を引き締めて完成。

飛び出た端が短いとほどけやすいので、10cm以上出すように。 完成

アドバイス ひと結びとは？

強度が低いので、単独で使われることはないが、他の結びと併用して強度を増したりする際に使われる結びだ。

豆知識　巻き結びは濡れるとほどけにくくなる。アウトドアで使用する際は引き解けの形にしておいたほうがよい。

ロープをものに結ぶ②

ふた結び Two Half Hitches

ひと結びを2回重ねて強度を高めた結び。結ぶのもほどくのも簡単だが、あまり大きな力がかかる部分には使えない。

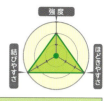

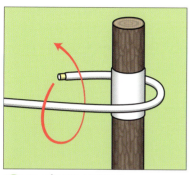

① ロープを柱や木に掛ける。

ひと結びをまず締めつけてからもう一度ひと結びをしたほうが形が整えやすい。

② 端を元に巻きつけてひと結びを作る。

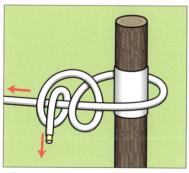

③ もう1回、同様にひと結びを重ねて作る。

④ 元を引っ張って引き締めたら完成。

アドバイス 巻き結び+ふた結びで強度アップ

先に巻き結びを作ってから端を元に沿わせてふた結びをすれば、ほどけにくい結びになる。引き綱の端を強固に結びたいときに使える。

 ふた結びは非常にシンプルな結びだが、強度が高く、緩みにくい。アウトドアでロープを活用したい人はぜひ覚えておきたい結びだ。

33

ロープに輪を作る①

もやい結び Bowline Knot

輪を作る際に最もよく使われる結び。強度が高いわりに簡単で、ほどきやすい。さまざまなシーンで幅広く使われる結び方だ。

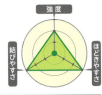

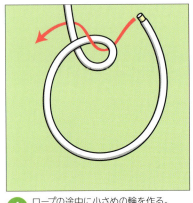

① ロープの途中に小さめの輪を作る。

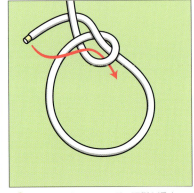

② その輪に端を通し、元の下側を通す。

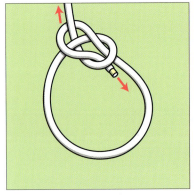

③ 端をもう1度同じ輪の中に通す。

④ 端と元を引っ張り、結び目を引き締めて完成。

アドバイス　もやい結びの変形バージョン

もやい結びには「変形もやい結び」(P78,80)「二重もやい結び」(P154)といった発展型がある。それらもここで紹介した結び方が基本になっている。

豆知識 もやい結び (bowline knot) は、18世紀、帆船の船首 (bow) にロープを伸ばして風を帆に入れやすくするというノウハウが紹介されたのが語源。

ロープに輪を作る②

バタフライ・ノット Butterfly Knot

ロープの中間に輪を作る結び方。簡単だがほどきやすく、両端に力がかかるほど結びが強固になっていく。

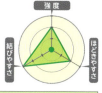

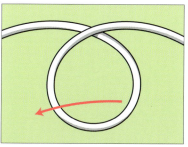

① ロープをひねって中間に輪を作る。

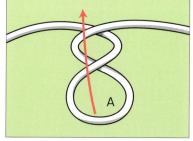

② さらにもう1回ひねり、その下にも輪を作る。

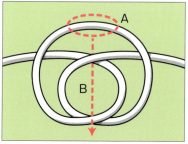

③ 下の輪を上に持ち上げ、Bの輪に手を入れてAを持つ。

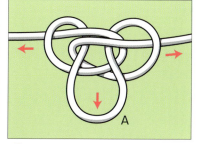

④ Aを引っ張り、Bの輪に通す。

⑤ Aと元を引っ張り、輪の大きさを調整しながら引き締めて完成。

 もやい結びもバタフライ・ノットも輪を作った後に輪の大きさを変えるのは難しいが、「引き解け結び」（P51）なら輪の大きさを自在に変えられる。

ロープに輪を作る③

二重8の字結び Double Figure of Eight Knot

ロープを2つ折りにして8の字結び（P26）。強度は非常に高いが、ほどけにくい。特にロープが濡れるとほどくのに苦労する。

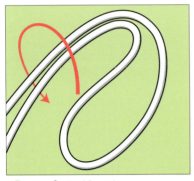

❶ ロープを2つ折りにする。

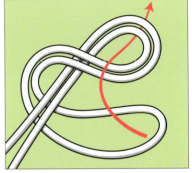

❷ 2つ折りにした端を元に巻きつける。できた輪に2つ折りした端を通す。

❸ 2つ折りした端を輪に通したら、輪と元を引っ張る。

❹ 形が崩れないように輪と元を引っ張って結び目を締める。

アドバイス　一部が傷んだロープを使うには？

傷んだ部分で折り返して二重8の字結びをすれば、傷んだ部分に力がかからなくなる。ただし、ロープにかなりの力がかかる使用はさけよう。

傷んだ部分で折り返して二重8の字結び。

豆知識 二重8の字結びは先端に大きなコブを作るときにも使える。

第2章

キャンプで役立つ結び

テントやタープに付属するコードの結び、またアウトドアでの生活がいっそう楽しく便利になる結びを紹介しました。私がボーイスカウト時代からよく使っていた役立つ結びばかりです。

1 テントやタープを張る

キャンプ生活の拠点となるテントやタープで快適に過ごすためには、ここで紹介する結びが役立つはずだ。立ち木に結ぶときは樹皮の保護を忘れずに。

テントやタープの張り綱を木に結ぶ①

てこ結び Marlinespike Hitch

結び方が簡単なわりに、元が引っ張られていればすぐにはほどけないため、テントの張り綱によく使われる。

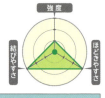

木に巻くときのテンションの掛け方で張りの強度が決まる。

① 柱にロープを巻きつけ、元の上から端を下に通す。

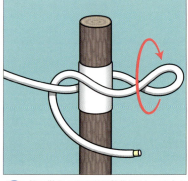

② 柱に巻きつけてある部分をひねって小さな輪を作る。

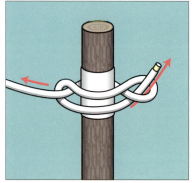

③ 端を下から輪の中に通す。

④ 端と元を引いて締めれば完成。

端は結び目から10cm以上出るように。

完成

強度アップ てこ結びは元をゆるめれば簡単にほどくことができる。強度を上げたかったら端に止め結びを作るとよい。

テントやタープの張り綱を木に結ぶ②

もやい結び Bowline Knot

樹木にロープを掛けて結ぶ方法を紹介しているが、先に結んでおいて、それを樹木に引っ掛けることもできる。

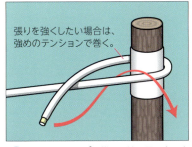

① 柱や杭にロープを掛け、端を元の上に出す。

張りを強くしたい場合は、強めのテンションで巻く。

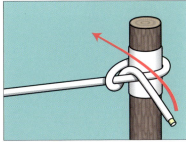

② 端を下から上に通し、元にからませる。

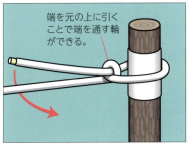

③ 端を引きながら元の上に移動させ、元に輪を作る。

端を元の上に引くことで端を通す輪ができる。

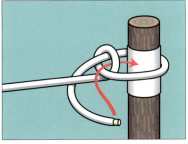

④ 端を元の下をくぐらせ、❸で作った輪を広げてその中に通す。

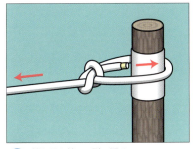

⑤ 端と元を持って引っ張る。

⑥ 結び目を引き締めたら完成。

 「船をもやう（係留する）」結びとして多用されていた、もやい結び。結び方が簡単で用途が多いため、「結びの王（= King of Knots）」と呼ばれることがある。

テントやタープの張り綱を木に結ぶ③

ねじ結び Timber Hitch

元が引っ張られていればほどけないが、緩めれば簡単にほどくことができる。撤収の際にも手間がかからない。

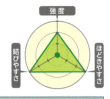

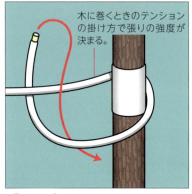

① ロープを柱にひと巻きし、端を元の下側から通す。

木に巻くときのテンションの掛け方で張りの強度が決まる。

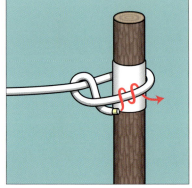

② 端を輪の中に通してひと結びを作り、さらに端をロープに巻きつける。

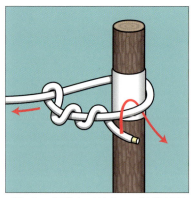

③ 3～4回巻きつけたらロープの端と元を引っ張る。

④ 結び目を絞るように引き締めれば完成。

> **アドバイス** ねじ結び＋止め結びで強度をアップ
>
> ねじ結びは簡単な結びだが、端に止め結び（P25）を加えておけば簡単にはほどけない。樹木間を結ぶ張り綱の始端をこの結びにしてもよいだろう。

豆知識 ねじ結びは最初にひと結び（P32）を作ってから端を巻きつける結び。最初のひと結びを少し緩めに結んで端を巻きつけ、最後に締めつけるのが強く結ぶコツだ。

テントやタープの張り綱を木に結ぶ④

ふた結び Two Half-Hitches

ひと結び（P32）を2回繰り返すことで強度を大きく高めた結び。さまざまなものに結べる汎用性の高い結びだ。

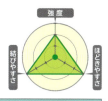

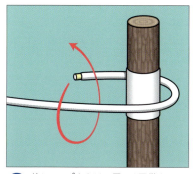

1 柱にロープをかけて元に1回巻きつけ、ひと結びを作る。

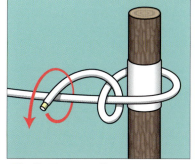

2 端を元にもう1回巻きつける。

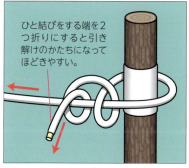

ひと結びをする端を2つ折りにすると引き解けのかたちになってほどきやすい。

3 もう1度ひと結びを作る。

4 元と端を持って引き締めればできあがり。

アドバイス 最初に2回巻くと緩まない

張り綱が長いと時間とともに張りが緩んでしまうことがある。張り綱をピンと張りたいときは最初柱に2回巻いてからふた結びをするとよい。

最初に2回巻いてからふた結び。

 強風で付属するロープだけではテントやタープの強度が保てないときは、張り綱の数を増やすなど工夫を。そのためにも予備のパラコードを数本持っていくようにしよう。

41

グロメットにロープを通してとめる①

8の字結び Figure of Eight Knot

大きなコブを作れるため、テントやロープなどのグロメット（ロープを通す穴）が大きい場合にも対応できる。

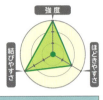

① グロメットに通したロープを2つ折りにする。

② 端を元に巻きつけるようにして輪を作る。

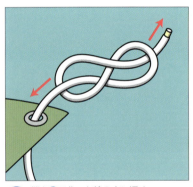

③ 端を②で作った輪の中に通す。

④ 端と元を引っ張って引き締める。

アドバイス　グロメットの補修は早めに！

グロメットはテントやタープで最も力が加わるところ。グロメット周囲のテント生地が少しでも裂けていたら、テントメーカーに問い合わせをして早めにリペア（修理）をしよう。なお、グロメットが錆びていると、ロープが汚れるだけではなく、ロープのすべりも悪くなるから注意しよう。

 8の字結びはすべりやすいロープの端にコブを作りたいときに便利。登山でも釣りでもよく使われる。

グロメットにロープを通してとめる②

固め止め結び Double Overhand Knot

止め結び(P25)より巻きを1度増やしてさらに強度を高めた結び。
グロメットの穴が小さい場合は、この結びで作れるコブで十分。

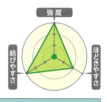

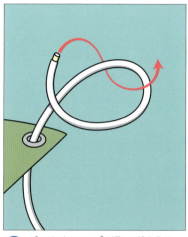

① グロメットにロープを通して輪を作る。

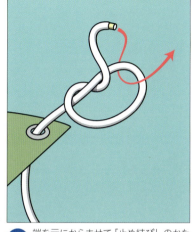

② 端を元にからませて「止め結び」のかたちに。

コブを大きくしたい場合は、巻く回数を増やす。

③ 結び目を締めずにもう1回同じようにからませる。

④ 端が長くなりすぎないように調節してコブを引き締めればできあがり。

 固め止め結びは固く結ぶとほどけにくくなる。テントやタープで使われるパラコードのような細いロープは注意が必要。

グロメットにロープを通してとめる③

ふた結び Two Half Hitches

ひと結びを2回繰り返す簡単な結び方ながら、十分な強度があり、元を引っ張る力を緩めればほどきやすい。

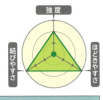

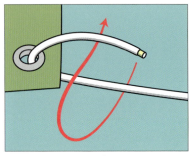

① グロメットにロープを通す。　② 端を元に巻きつけてひと結びを作る。

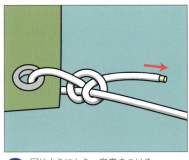

③ 同じようにもう一度巻きつける。　④ 端と元を引っ張り、引き締めれば完成。

アドバイス　グロメットがないときは？

グロメットがないところにロープを結びたいときは、手頃な大きさの石を包んで突起を作り、ふた結びをする。

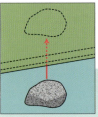

❶ 適当な大きさの石を突起にする。

❷ 突起の下にロープを巻きつけてふた結び。

 地面が固くペグが刺しにくいときは、立ち木に張り綱を結ぶ方法もある。強いテンションがかかるので、必ず保護布を当ててから結ぶようにしよう。

44

ペグの代わりに石を使う①

ひばり結びの応用 Cow Hitch

ペグが使えないシーンでは、石をロープの端に結びつけることでペグの代わりにする。少し大きめで重量のある石を使うように。

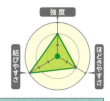

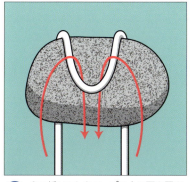

1 2つ折りにしたロープの上に石を置き、ループの部分を石の上に出す。

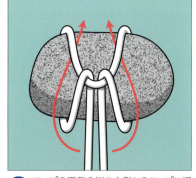

2 ロープの両側の端を上側からロープに通す。この状態が本来の「ひばり結び」。

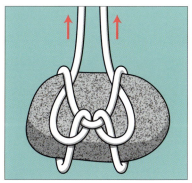

3 もう1度、両端を上から下に通す。その際、❷で通した部分より外側で通すこと。

4 両端を引いて結び目を引き締めて完成。

アドバイス 「ひばり結び」とは？

ロープを2つ折りにして（ループにして）木材などの芯に掛け、2つの端をループから抜くとひばり結びになる。ほどけやすいが、上で紹介したように、端をさらにループに通すと強度が増す。

豆知識 鋭利な突起が多い石を使うときは、石に布を巻いてロープを保護しよう。

ペグの代わりに石を使う②

固め結び Constrictor Knot

ロープを折り返さずに使いたい場合は、この結びを使うのがおすすめ。二重に巻くことでしっかりと石を固定できる。

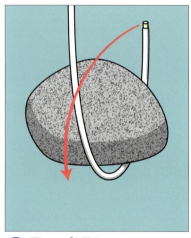

1 石にロープを巻く。

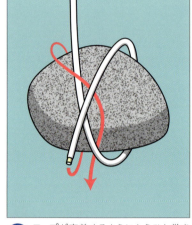

2 ロープが交差するようにもうひと巻きし、交差部の下に端を通す。

3 端と元を引っ張る。

4 簡単に外れないようにロープを強く引き締めて完成。

豆知識　石をペグ代わりに使うときは、結び目が外れにくい横長の重い石を使ったほうがよい。

張り綱の長さを調整する①

張り綱結び Tautline Hitch

時間とともに緩んでしまう張り綱の張りを自在に調整できる結び方。結び目の位置を変えることで張りの強度を調整できる。

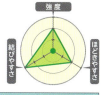

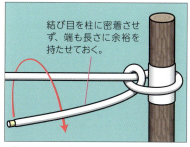

1 柱にロープを掛け、ひと結びを作る。

結び目を柱に密着させず、端も長さに余裕を持たせておく。

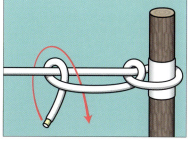

2 少し離れたところにもう1度ひと結びを作る。

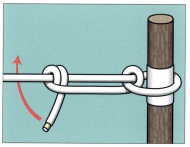

3 端をもう1回からませて下に出す。

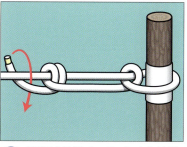

4 端を元のほうにもっていき、からませる。

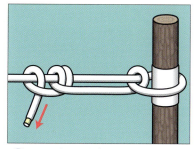

5 もう1度ひと結びをする。

6 結び目の位置を動かしてロープの張りを調整する。

完成

 豆知識 テントやタープの張り綱を立ち木に結ぶときには、張りの強さを変えられるこの結びが適している。洗濯ひもを掛けたいときにも使えるから、アウトドアでは重宝する結びだ。

第2章 キャンプ

張り綱の長さを調整する（短くする）②

引き解け縮め結び

左右から引っ張る力がかかるほどほどけにくくなる結び方。
長期間、ロープを短くしておきたいときに使える。

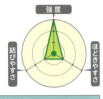

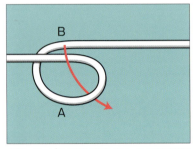

① ロープの中間に輪を作り、Bの部分を輪に通す。

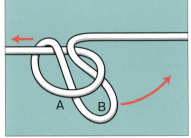

② 元と輪を引っ張って、Aの輪を引き締める。Bの大きさで短くする分を調整できる。

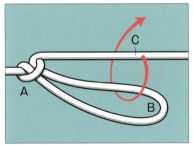

③ CをBの輪の中に通す。

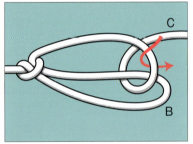

④ ロープの端を③でできた輪の中に通す。

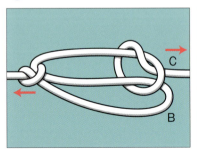

⑤ ロープの両端を引っ張り、すべての結び目を引き締める。

⑥ 完成。縮める長さを変えたい場合はいったん最初の結び目を緩めてBの大きさを変更する。

 引き解け縮め結びはパラコードなどの細いロープだとなかなかほどけない。木材の先を細く削ってスパイク（P185）にし、先を結び目に差し込みながらほどくとよい。

張り綱の始端の位置を変える

プルージック・ノット Prusik Knot

始端の位置を上下に移動することがあるときに便利な結び。
締め付けた状態では緩めるのが難しいので注意。

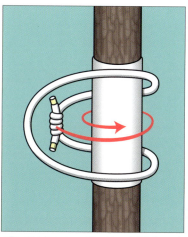

① 輪にしたロープやスリング (P89) を木に掛ける。

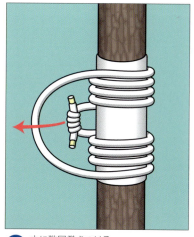

② 木に数回巻きつける。

③ 輪の端を引っ張って締める。

④ 完成。荷重がかかっていないときは結び目を上下に動かすことができる。

 結びの名は考案したオーストリアの音楽教師、カール・プルージックから。元々、楽器の弦を修理するために考案。登山家のセルフレスキューの手段として使えることに気づいた。

タープの支柱を引っ張る①

二重8の字結び Double Figure of Eight Knot

支柱を2方向から引っ張るときの結び。2つ折りしたロープの先に輪を作り、両端をペグで地面に固定する。

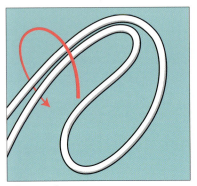

① ロープを2つ折りにする。

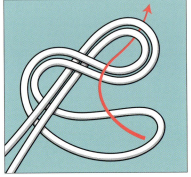

② ロープを束ねたまま、2つ折りにした部分を元に巻きつけて、できた輪に通す。

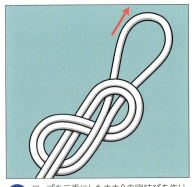

③ ロープを二重にしたまま8の字結びを作り、小さい輪が結び目から出た状態にする。

④ その輪を支柱の先端に掛け、ロープの両端を2方向に引っ張って支柱を支える。

アドバイス　コードスライダーとは？

テントやタープのロープを張るときに使われる「コードスライダー（自在金具）」。簡単にロープの張り具合を調整できる便利なグッズだが、破損したときのためにも張り綱結び（P47）を覚えておこう。

 タープのシートに緩みがあるとそこに雨水がたまってしまう。急傾斜にする箇所を設けて雨水を垂らし、そこに草を敷いて雨水の飛散を防ぐようにしよう。

タープの支柱を引っ張る②

引き解け結び Slip Knot

支柱を引っ張るのが1方向でいいときに使える結び。輪を支柱に引っ掛けておけば、引っ張られている間はほどけることはない。

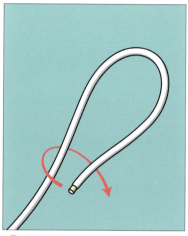

1 支柱を支えるのに必要な長さの部分でロープを2つ折りにする。

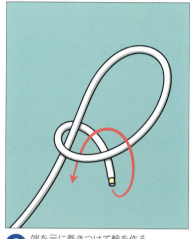

2 端を元に巻きつけて輪を作る。

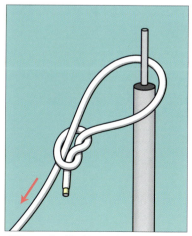

3 その輪に端を通して、支柱に引っ掛ける。

4 支柱に掛けた状態で元を引っ張り、結び目を引き締める。

 降雨時、タープに雨水がたまって寝ている間に倒壊することもある。明るいうちに張りの強度を確かめておこう。

2 ロープをつなぐ・長さを調整する

アウトドアではロープ同士をつなぐシーンがよくある。つなぐロープの太さや材質、すべりやすさなどを考慮して結び方を決める必要がある。

ロープ同士をつなぐ①

片解け本結び Half-bow Knot

はな結び（蝶結び）の片側だけを引き解けにした結び方。片はな結びともいう。細いロープ同士をつなぐのに適している。

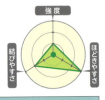

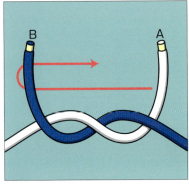

① AとBをからませる。

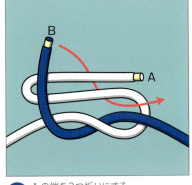

② Aの端を2つ折りにする。

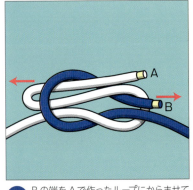

③ Bの端をAで作ったループにからませてから輪に通す。

④ ループと元を引っ張り、結び目を引き締める。

豆知識 強度が高くない分、すぐにほどけるのがこの結びの特徴。衣服やキャンプ道具についているひもの両端をつなぎたいときに向いている。

ロープ同士をつなぐ②

一重つぎ Sheet Bend

非常に簡単に結ぶことができ、太さや材質の違うロープ同士にも使えるので、一時的にロープをつなぐ際には便利。

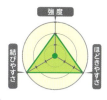

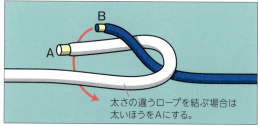

① Aのロープを2つ折りにして、そこにBのロープの端を通す。

太さの違うロープを結ぶ場合は太いほうをAにする。

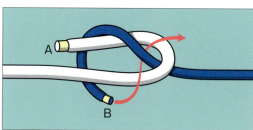

② Aの2つ折りになっている部分にBを巻きつける。

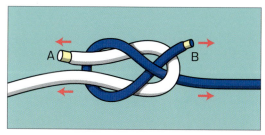

③ Bの端をBの下を通して外に出す。

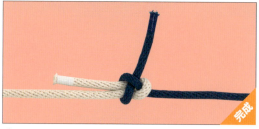

④ 左右の端と元を引っ張ると結び目を引き締められる。

強度アップ 一重つぎは簡単に結べるが、すべりやすいロープではBが抜けやすい。両端に止め結びを施せば、強度がアップする。

ロープ同士をつなぐ③

二重つぎ Double Sheet Bend

一重つぎをさらに強固にした結び方で、材質や太さの異なるロープをつなぎ合わせてもほどけにくい。

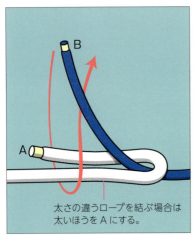

太さの違うロープを結ぶ場合は太いほうをAにする。

1 Aを2つ折りにしてループを作り、そこにBを通す。

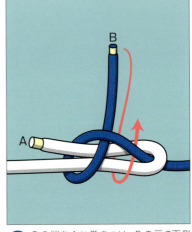

2 Bの端をAに巻きつけ、Bの元の下側を通す。

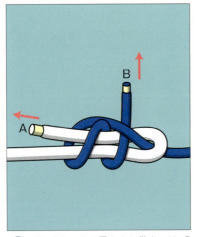

3 同じようにBの元をAに巻きつけ、Bの元の下側に通す。

完成

4 AとBの元を引っ張り、結び目を引き締める。

 一重つぎでも二重つぎでも太いほうのロープを曲げて、細いほうのロープを動かすと覚えておこう。

ロープ同士をつなぐ④

二重テグス結び Double Fisherman's Bend

強度が高いテグス結びの強度をさらに高めた結び。すべりやすい素材のロープに使える。

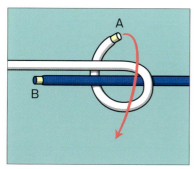

1 Aの端をBに巻きつける。

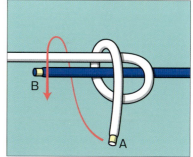

2 Aの端をさらにBの下側に回す。

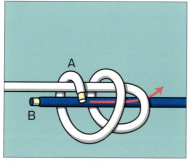

3 もう1回、Aの端をBに巻きつける。

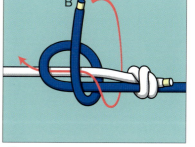

4 BをAと同様に結ぶ。

5 AとBの端を引っ張って、結び目を締める。

 二重テグス結びは太いロープ同士の結びには向かない。また、結び方を間違えると結び目がそろわず、強度が下がることも覚えておこう。

長すぎるロープを短くする

縮め結び Sheep Shank

ロープの中間を詰めて、短く使う際に有効な結び方。ここでは手早く結べる方法を紹介しよう。

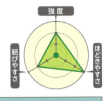

① ロープに連続した3つの輪を作る。

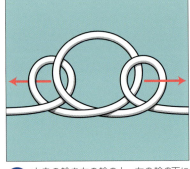

② 中央の輪を左の輪の上、右の輪の下になるように重ねる。

③ 中央の輪を左右の輪にそれぞれ通してから元を引っ張る。

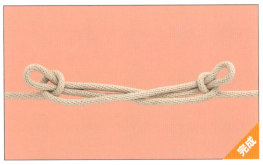

④ 長さを目的に合わせて調整しながら引き締めて固定する。

> **豆知識** ここで紹介した縮め結びの結び方は真ん中の輪の大きさと両側の輪の間隔によって縮める長さが決まることを覚えておこう。

アドバイス 縮め結びの強度をアップするための方法

方法❶ 元の部分をもう一度輪に巻きつけて巻き結び（P32）を作ると強度が高まる。

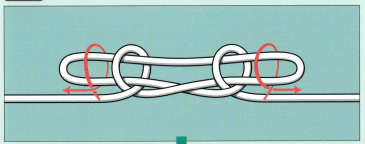

方法❷ 写真のように棒を差し込むと二つ折りの部分が輪から抜けることがない。

方法❸ 二つ折り部分と元部分をたこ糸で結びつける。

アドバイス 傷んだロープを使うには？

ロープの傷んだ箇所を短縮することで再利用できる。ただし、このページで紹介している強度を高める工夫を忘れないようにしよう。

豆知識 縮め結びは張力が弱まると簡単にほどけてしまう。長期間短縮しておく場合は、このページの方法で強度を高めよう。

3 アウトドアで快適に過ごす

アウトドアで快適に過ごすためにはロープが有効なシーンは多い。難易度は高いが覚えておくと便利な結びを主に紹介した。

洗濯物などを干す

ロープ・テークル

洗濯物を干したり、ものをかけたりと張り綱は野外でとても重宝する。この結び方なら張りの強さを調整できる。

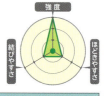

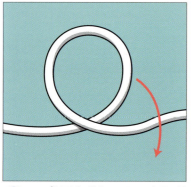

① ロープを両手で持ち、ひねって中間に輪を作り、矢印の方向に輪を移動させる。

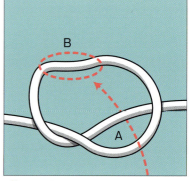

② Aの輪から手を入れてBの部分を持つ。

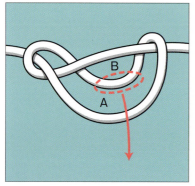

③ Bを持ったまま図のように引く。

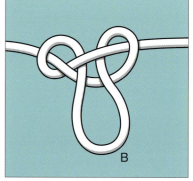

④ 結び目を引き締めるとよろい結びができる。

豆知識 張りの強さを変えやすくするためにはよろい結びを作る位置に注意。先にロープを柱に巻いてみてどの程度端が余るかをチェックしてから取り掛かろう。

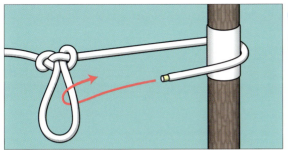

よろい結びでできた輪に端を通して引っ張る。

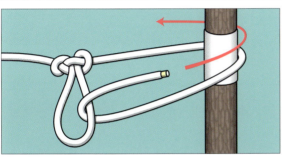

❺とは逆回りに巻きつける。端を強く引っ張ることで張りを強くすることができる。

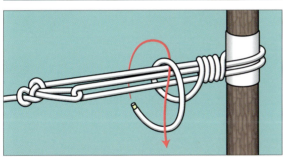

端を3本のロープに3〜4回強く巻きつける。

端を巻き結び(P32)で固定すれば完成。途中に輪を作ればフックなどを引っ掛けることができる。

強度アップ 強度をアップさせるには手順❻で端を強く引くこと。1人では力が足りないときは2人掛かりで。ここで強く引いて樹木に巻けばほとんど緩まない。

ナイフや小物にひもをつける

二重テグス結び
Double Fisherman's Bend

ナイフやナタなど、キャンプでよく使う道具にはひもをつけておくと便利。首や肩から下げておけば、すぐに使える。

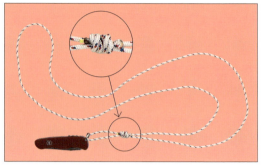

ナイロンコードを二重テグス結び(P55)で結べばほどけることはない。

クヌート・ヒッチ
Knut Hitch

通し穴に1本のひもをつけたいときに使う結び。ひもの直径の2倍以内の穴でないと外れやすいので注意しよう。

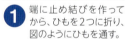

① 端に止め結びを作ってから、ひもを2つに折り、図のようにひもを通す。

② 屈曲部に止め結びを通して締める。

アドバイス ファスナーにひもをつけよう

ファスナーにひもをつけると、視認性や操作性がよくなる。

小物入れのファスナーの引き手にひもをつけると操作性が格段に向上する。

テントのファスナーに蛍光色のひもをつければ、暗いところでも引き手を見つけやすい。

 蛍光色のひもやパラコードはアウトドア専門店やホームセンターで扱っている。張り綱としてももちろん使える。

丸太を使ってはしごを作る

てこ結びの連続 Marlinespike Hitch

強度は低いが、結びやすいので連続して結ぶのに向いている。
はしごに荷重がかかっていれば、ほどけることもない。

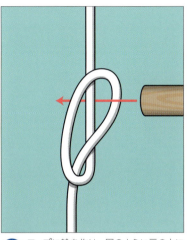

① ロープに輪を作り、図のように元の上に重ねる。

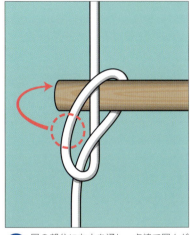

② 図の部分に丸太を通し、点線で囲んだ部分を丸太に引っ掛ける。

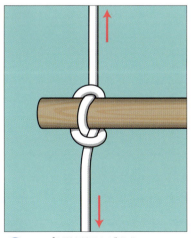

③ ロープを引き締めれば完成。

④ 棒の反対側にも同様にロープを結びつければはしごが作れる。

 てこ結びはロープを立ち木に結ぶときにも使える結び。そのときはロープの端に抜けどめとして止め結びをしておこう。

アドバイス　木材を使った工作物とは？

丸太とロープがあれば、釘を使わなくてもテーブルや調理台などを作ることができる。結び方のポイントは次のとおり。

- 木材に対して適度な太さのロープを使うこと（本書の写真は、丸太の太さは直径約40mm、ロープは4mm径の編みロープを使用）。太すぎるロープは結びにくい。
- ひと巻きごとにしっかりと力を入れて締めつけること。ただし、二脚、三脚の場合は開く角度によって力加減の調整が必要になる。

木材を使った工作物を作る①

床縛り

丸太や床板などを並べて、しっかりと結び合わせればテーブル板に当たる部分を作れる。

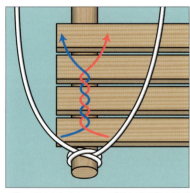

破線では横木の丸太の下にロープを通す。

すき間が小さくなるように強く締めつける。

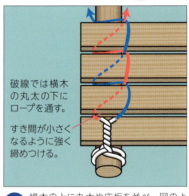

❶ 横木の丸太に、ロープの中間で巻き結び（P32）をし、ロープを4〜5回より合わせる。

❷ 横木の上に丸太や床板を並べ、図のようにロープを巻きつける。

❸ すべての床板を固定したら、再び巻き結びで横木にとめる。

完成

豆知識　ロープで丸太を縛る結ぶことを「ラッシング（縛材法）」という。

木材を使った工作物を作る②

床縛り

2本のロープを横木の下で交差させながら床板に巻いていく方法。左の方法に比べて簡単だが、床面に出るロープが二重になる。

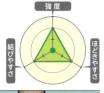

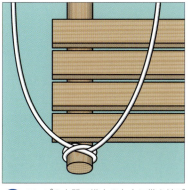

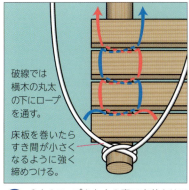

破線では横木の丸太の下にロープを通す。

床板を巻いたらすき間が小さくなるように強く締めつける。

① ロープの中間で横木の丸太に巻き結びをする。

② 2本のロープを丸太の裏で交差させて表に出す。

③ すべての床板を固定したら、再び巻き結びで横木にとめる。

完成

豆知識 床縛りは緩みによって床の木材が抜けるとバラバラになってしまう。床板に巻いたら強く締めつけてから、次の床板に取り掛かるようにしよう。

木材を使った工作物を作る③

角縛り Square Lashing

2本の木材を直角に交差させて固定する結び方。緩むと危険なので、ロープを巻きつける際は強く力を入れて引っ張ること。

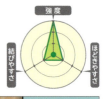

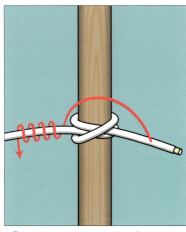

① 縦棒になる木材に巻き結び(P32)でロープを結びつける。

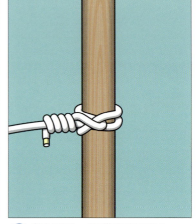

② 端を元に3〜4回巻きつけておく。

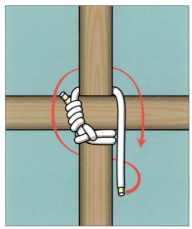

③ 結び目の上に横棒になる木材を縦棒に対して直角になるように置き、ロープを図のように巻きつける。

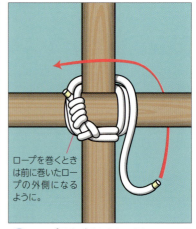

ロープを巻くときは前に巻いたロープの外側になるように。

④ ロープ同士が重ならないように4〜5回巻く。

強度アップ 角縛りは、手順⑤・⑥でロープの上に重なるようにしてギュッと力を入れて巻くのがコツ。

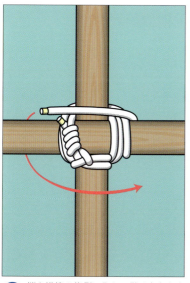

⑤ 端を横棒の後側に入れ、巻く方向を変えて再び巻く。

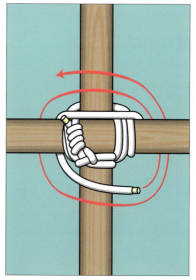

⑥ 2〜3回同じ方向に巻きつける。

第2章 キャンプ

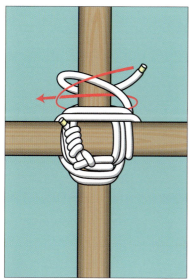

⑦ 端を縦棒に巻きつけ、固め結び(P46)で止める。

⑧ しっかり固定できているかを確認して完成。

 豆知識 本書で紹介しているラッシング用の木材は直径約40mm、ロープは直径4mm。もっと細い木材の場合は2mm程度のロープでもOK。

木材を使った工作物を作る④

筋交い縛り Diagonal Lashing

木材を斜めに交差させて縛る方法。角縛りよりも強固に縛ることができ、木材の角度をある程度自由に調整することが可能だ。

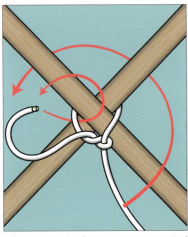

① 2本の木材が交差した部分をねじ結び（P40）で止める。

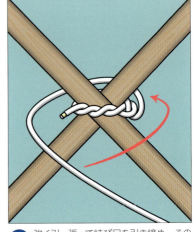

② 強く引っ張って結び目を引き締め、その上にロープを巻く。

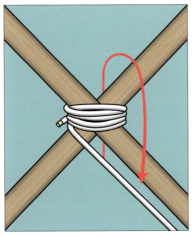

③ 毎回強く引きながら5～6回しっかりと巻く。

④ ロープの端を下から上に回して縦方向に巻きつける。

 筋交い縛りもひと巻きごとに力強く締めていくのがコツ。ただし、強く巻きすぎると最後まで縛った後に角度を変更するのが難しくなる。

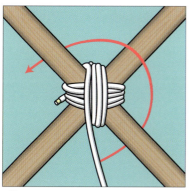
⑤ 縦にも同じく5〜6回巻きつける。

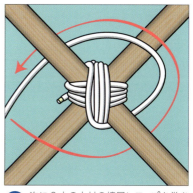
⑥ 次に2本の木材の境目にロープを巻きつける（割を入れる）。

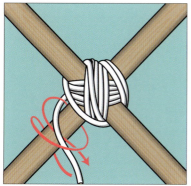
⑦ こちらも数回繰り返す。

⑧ 最後に端を固め結び（P46）で固定する。

⑨ 完成。角度を微調整したい場合は割りをほどいて角度を変えてから再び割りを入れるとよい。

豆知識 かつてはビルなどの足場には鉄パイプの代わりに丸太棒が使われており、強度を上げるためにところどころに筋交いを入れて筋交い結びで結ばれていた。

木材を使った工作物を作る⑤

はさみ縛り（二脚） Square Lashing

2本の木材を固定して二脚を作る縛り方。きつく締めることで2本の木材をまとめるために使うこともできる。

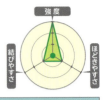

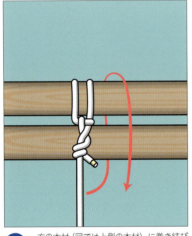

① 一方の木材（図では上側の木材）に巻き結びでロープを結び、余った端は元に巻きつける。

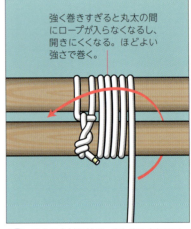

強く巻きすぎると丸太の間にロープが入らなくなるし、開きにくくなる。ほどよい強さで巻く。

② 2本の木材を並べ、まとめるようにロープを5〜6回巻きつける。

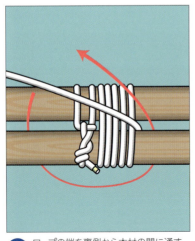

③ ロープの端を裏側から木材の間に通す。

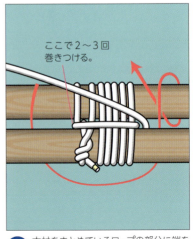

ここで2〜3回巻きつける。

④ 木材をまとめているロープの部分に端を2〜3回巻きつける。

 はさみ縛りは脚を開く角度に応じてロープを巻く強さをコントロールするのがコツ。強すぎると脚が開かず、無理をするとロープが切れる。

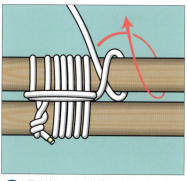

⑤ 巻き終わったら上側の丸太に端を巻きつける。

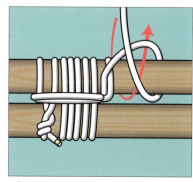

⑥ 以降は固め結びで固定する方法。外側にもう1回端を巻きつける。

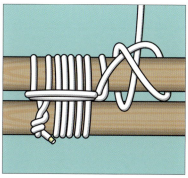

⑦ 2つの巻きの間でもう1回端を巻きつけ、ロープの下を通して結びにする。

⑨ 木材を開いたら二脚の完成。開きは35度以上にしないよう注意しよう。

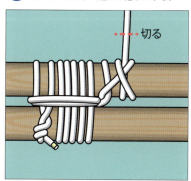

⑧ 結び目を引き締めたら、余った端は切り落とす。

豆知識 2本の柱をまとめる（継ぎ足す）ときにも使えるはさみ縛り。そのときは手順❸・❹の割りは不要。

木材を使った工作物を作る⑥

はさみ縛り（三脚） Square Lashing

3本の木材で三脚を作るはさみ縛り。1回巻くごとにロープを引き締めるが、開く角度によって締め加減を調整することが必要。

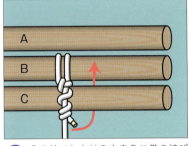

① 3本並べた木材の中央Bに巻き結び（P32）でロープを固定する。

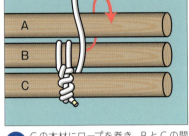

② Cの木材にロープを巻き、BとCの間から出す。

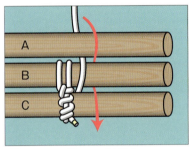

③ AとBの間にロープを通す。

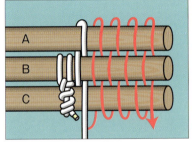

④ Aに1回巻き、AとBの間から端を出し、BとCの間に通す。

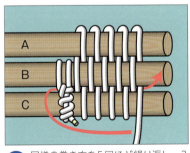

⑤ 同様の巻き方を5回ほど繰り返し、3本の木材をまとめる。

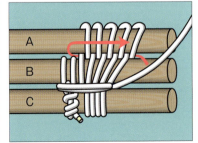

⑥ BとCの間から出た端をB、C間のロープに3回巻いて割を入れる。

 三脚のはさみ縛りも脚を開く角度に応じてロープを巻く強さをコントロールするのがコツ。強すぎると脚が開かない。

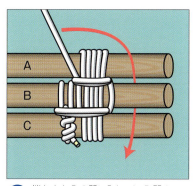

7 端をAとBの間に入れ、A、B間のロープに3回巻いて割を入れる。

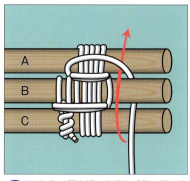

8 BとCの間を通した端を手前に引き出す。

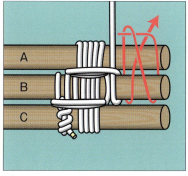

9 その端でBを巻いてから元の下を通す。

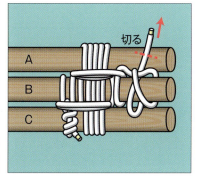

10 Bで巻き結びを作って固定する。

11 木材を開いて完成。

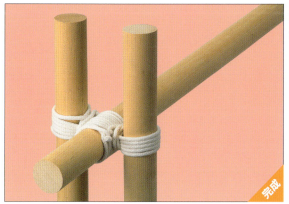

 太い枝3本で三脚のはさみ縛りをすれば、焚き火ハンガーにもなる。ただし、結びの強度と火とロープの距離に注意しよう。

4 ものを運ぶ

薪を運んだり、バケツで水を汲むといった場面もロープの出番。必要なロープワークを知っていれば、ものを運ぶのもより楽になる。

バケツに結んで水をくむ

巻き結び＋ひと結び

高いところから水をくむときに使える結び。水の入ったバケツを吊るすのなら、その荷重に耐えられる強い結び方が必須。

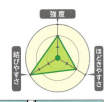

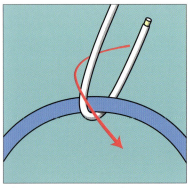

① バケツの取っ手にロープを掛ける。

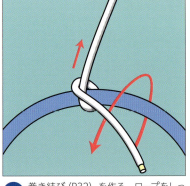

② 巻き結び（P32）を作る。ロープをしっかり引きながら強い結び目を作ろう。

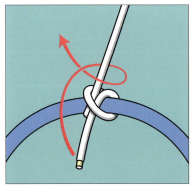

③ 端でひと結び（P32）を作り、結び目を補強する。

円弧状の取っ手になっているほうが水をくみやすい。

④ 完成。ビニール製買い物袋の持ち手にも使える。

 釣りでよく使われる折りたたみバケツは、汚れたところを洗い流したいときなど、アウトドアでも重宝する。

薪を運ぶ①

ひばり結びの応用 Cow Hitch

ひばり結び（P45）の強度を高めた結び。力がかかっているときはほどけにくいが、力を緩めれば簡単にほどける。

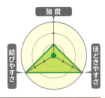

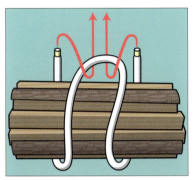

❶ ロープの中央部を2つ折りにしてUの字を作り、その上に薪を置いて巻く。

❷ Uの字のループに両端を通し、端を本結び（P27）にして持ち手を作る。

薪を運ぶ②

二重止め結び＋ふた結び

より多くの薪を運ぶ場合の強固な結び方。二重止め結びとふた結びを組み合わせることで、簡単にはほどけない。

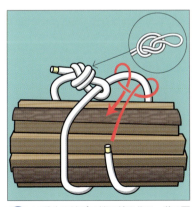

❶ 二重止め結びで端に輪を作り、薪の下を通した端をその輪に通す。

❷ もう1度、端を薪の下に通し、今度はふた結び（P33）で元に固定したら完成。

 薪を結ぶときは新聞紙などで薪を巻いてからロープを掛けてみよう。ロープが汚れないで済む。

スイカを運ぶ

8の字結びの応用 Figure of Eight Knot

スイカのように大きな球状のものを運んだり、水辺で冷やすときに便利な結び。円周の1/3で結び目を作るのがポイント。

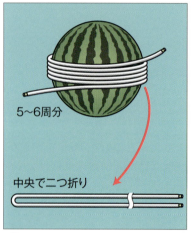

1. スイカの円周のだいたい3〜4倍程度の長さのロープを用意し、2つ折りにする。

2. 1つのループの長さが円周の約1/3になるように二重8の字結びでループを作る。

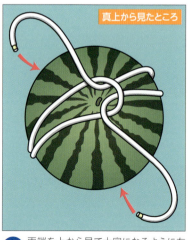

3. ロープでスイカを巻き、両方の端を先端のループに通す。

4. 両端を上から見て十字になるように左右に広げ、スイカに巻く。

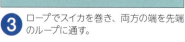

豆知識 スイカを運ぶときに役立つこの結びは、最初の8の字結びの採寸が肝心。きちんと採寸されていると美しくかつしっかりと結ぶことができる。

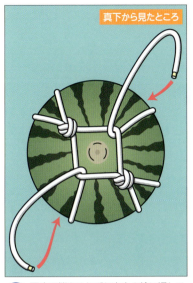

5 両方の端をそれぞれ中央の輪に通して、再び上に戻す。

6 上に戻した両端をスイカに巻いてあるロープの下に通す。

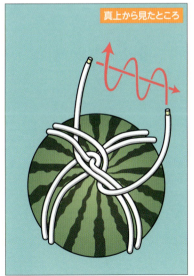

7 両端を上方に伸ばし、端同士を固め止め結び (P43) で固定する。

8 あまった両端を本結び (P27) でつなぎ合わせれば取っ手として使える。

 古いロープや傷んだロープは使わないのが鉄則。でも、捨てたくない、という場合は、フロアマット、ロープ製の柵など強度が低くても問題のない用途で使おう。

ものを上げ下げする① (小型・軽量なもの)

巻き結び+ひと結び

小型で軽量なものを上げ下げするときに適した結び。結び目はきちんと固く結ぶことが必要。

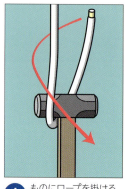

1 ものにロープを掛ける。

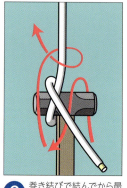

2 巻き結びで結んでから最後にひと結びを加える。

3 結び目をしっかり締めて完成。

ものを上げ下げする② (長くて重量のあるもの)

丸太結び

長い袋のようなものを上げ下げするときには、ねじ結びにひと結びを加えた丸太結びが向いている。

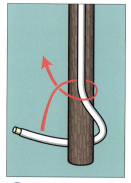

1 端を丸太の一端に掛けてひと結びをする。

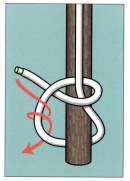

2 端を矢印のように回してねじ結びを作る。

3 丸太のもう一方の端に元の側のロープでひと結びをする。

豆知識 丸太結びをかなり長いものに結ぶときは、さらにひと結びをする箇所を増やすとよい。

第3章

登山で役立つ結び

クライミングロープやスリングでのごく初歩的な結びを紹介しました。特に「変形もやい結び」「二重8の字結び」「カラビナへのクローブ・ヒッチ（巻き結び）」は入門者でも覚えておきたい結びです。

1 立ち木や岩、体にロープを結ぶ

トレッキングではすぐにほどけない強固な結び方が必要なシーンがよくある。木や岩に固定する場合、結び方も信頼性を第一に選びたい。

木や岩にロープを結ぶ

変形もやい結び Variation of Bowline Knot

もやい結び（P34）にひと工夫を加えて強度を増した結び方。重量がかかる場合は末端処理をさらに加えよう。

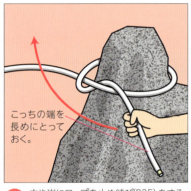

こっちの端を長めにとっておく。

① 木や岩にロープを止め結び（P25）をする。端を少し長めにとっておくのがポイント。

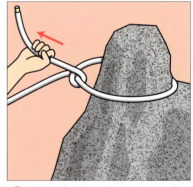

② 端を右手に持ち、斜め上に向かって強く引き上げる。

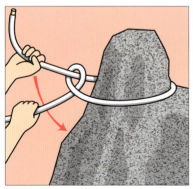

③ 腕を交差させると、元側に輪ができる。

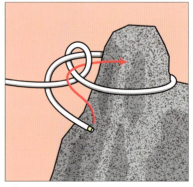

④ 端を元の下側にくぐらせる。

 登山用ロープの呼称、「ザイル（Sail）」は「クライミング・ロープ」「ロープ」など英名で呼ばれることが多くなった。これは登山用語を英名に統一する動きがあるため。

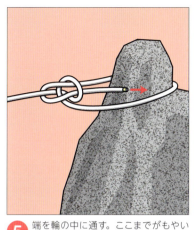

5 端を輪の中に通す。ここまでがもやい結び。

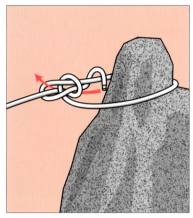

6 端を輪の下側に通して、いったん外に出してから巻きつける。

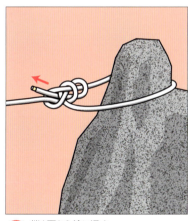

7 端を下から輪に通す。

8 結び目を引き締めたら完成。

アドバイス 信頼性の高いロープと用具を

立ち木や岩に結んで体を支える支点にする場合は、さらに強度が高い結びが必要になる。また、信頼性の高いザイルやスリング、またカラビナやハーネスなど専門用具の装備も必要だ。

 クライミング用品は国際山岳連盟（UIAA = International Mountaineering and Climbing Federation）が定めるUIAA安全基準(UIAA規格)のものを選ぶと安心だ。

第3章 登山

79

体にロープを結ぶ

変形もやい結び Variation of Bowline Knot

変形もやい結びは自分の体にロープを結びつける際にも使える。自分の側から見ても結べるようにしておこう。

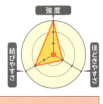

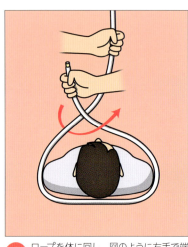

① ロープを体に回し、図のように右手で端を持つ。

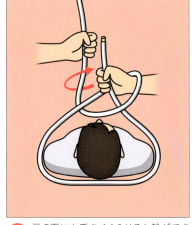

② 元の下に右手をくぐらせると輪ができる。

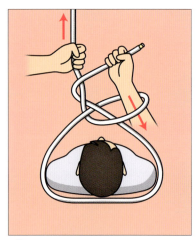

③ できた輪に右手を入れたまま端を元にからませる。

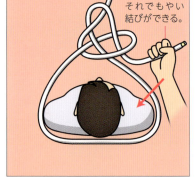

ここまで右手を動かすだけ。それでもやい結びができる。

④ 端を持ったまま右手を輪から引き抜く。もやい結びの完成。

 クライミングで使われるHMS型安全環付カラビナは、カーブが大きい洋梨型のカラビナで、ゲート（開くところ）に安全環がついている。「環付カラビナ」とも呼ばれる。

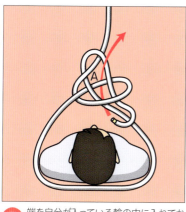
⑤ 端を自分が入っている輪の中に入れてからAの輪の中に通す。

⑥ 端を引いて結び目を引き締める。

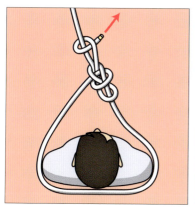
⑦ 結び目を引き締めたら、末端で止め結び（P25）をする。

⑧ 結び目を引き締めて完成。

完成

第3章 登山

アドバイス　変形もやいの強度をさらにアップさせる結び

行程❷で右のイラストのように、もう一度元に引っ掛けるように手首を返すと輪が二重になる。二重になった輪に端を通すことでさらに強度が上がる。

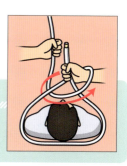

 クライミング用のカラビナのカーブが大きいのは、あらゆるロープの動きに幅広く対応できるようにするため。

2 ロープ同士をつなぐ

短いロープをつなぐ場合は、ロープを何に使うかを考えてそれに適した結び方を選ぶ必要がある。使用するロープの種類、強度、ほどきやすさを総合的に考えよう。

ロープ同士をつなぐ①

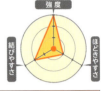

本結び+止め結び

素早く結びたいときにはこの方法が使える。本結び（P27）の後、結びの両端を止め結び（P25）をすればほどけない。

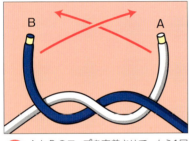

① AとBのロープを交差させて、もう1回巻きつける。

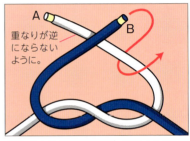

② AとBの両端を曲げ、図のように交差させる。

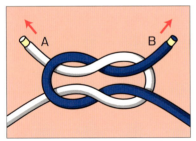

③ BをAの下から巻きつけて結び目を作る。

④ AとB、それぞれの端を止め結びにすれば完成。

アドバイス　縦結びに注意！

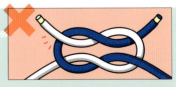

本結びは②のAとBを逆に重ねて結ぶと、ほどけやすい縦結びになってしまう。本結びを縦結びで覚えている人がいるので注意しよう。

強度アップ　つないだ登山ロープに重量を掛けるのは非常に危険。重量を掛けるときはつないでいない丈夫なロープを使うようにしよう。

ロープ同士をつなぐ②

外科結び Surgeon's Knot

本結びの最初の巻きつけ回数を増やした結び方で強度はかなり高まる。すべりやすいロープ同士をつなぐ際に使える。

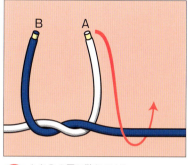

① AをBの元に巻きつける。

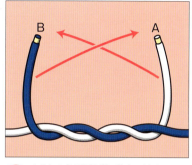

② さらにもう1度同様に巻きつける。

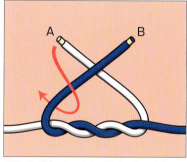

③ Bが上になるように両方の端を交差させる。

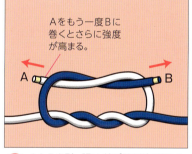

Aをもう一度Bに巻くとさらに強度が高まる。

④ AとBを引っ張り、結び目を引き締める。

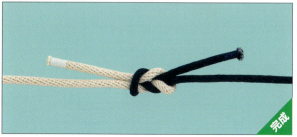

⑤ 引き締めてできあがり。

豆知識 外科結びは、外科手術で皮ふを縫合するときに使われるため、この名がついた（surgeon＝外科医）。

ロープ同士をつなぐ③

二重つぎ Double Sheet Bend

一重つぎをさらに強化した結び方。太さや材質の違うロープ同士でも使える。強度は高まるが、ほどきにくくもなる。

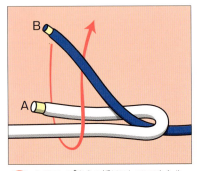

❶ Aのロープを2つ折りにして、できたループにBを通す。太さが異なるロープをつなぐ場合、太いほうをAにしよう。

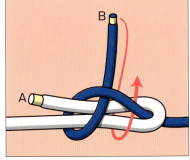

❷ Bの端をAのループに巻きつけ、Bの元の下側を通す。ここまでが一重つぎの結び方。

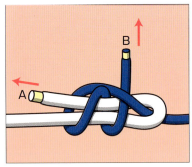

❸ 同じようにBの端をもう一度Aのループに巻きつけ図のように通す。

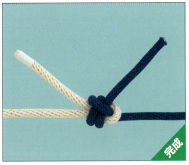

❹ AとBの端と元を持って引っ張り、結び目を引き締める。

アドバイス 一重つぎ、二重つぎを引き解けにする方法

すぐにほどきたい場合は、右のイラストのように、行程❷でBの端を2つ折りにしてそれをAに巻きつけ、引き解けの形にしよう。

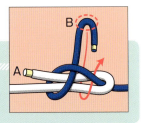

 カラビナの安全環はスクリュータイプが一般的。オートロックタイプもあるが、最初はスクリュータイプで片手で開閉できるように練習したほうがよい。

ロープ同士をつなぐ④

二重テグス結び Double Fisherman's Bend

強度が高く、テンションがかかってもほどきやすい。すべりやすいロープや太さの違うロープ同士でも使える。

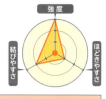

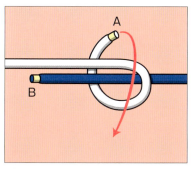

① Aの端をBに巻きつける。

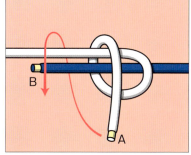

② Aの端をBとAの元の下側に回す。

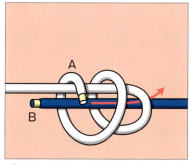

③ Aの端を2つの輪に通す。

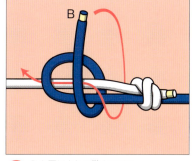

④ Bも同じように巻きつける。

⑤ 結び目を引き寄せて完成。正しい結び方なら結び目が対称になるはず。

 難所がある山では「ロープ必携」といった案内がされていることがある。必ず熟練者に同行し、「セルフビレイ」(P86・87「豆知識」)の技術は最低限身につけてから臨むこと。

3 ロープに輪を作る

ロープを人やものに結びつける、ものを吊り下げるといったときに使われる結び。結び目が複雑なので、きれいに整っているかどうかを最後にチェックしよう。

中間ループを作る①

ミッテルマン・ノット Mittelman Knot

ロープの中間に素早く輪を作りたいときに適している。強度も高い。「中間者結び」ともいわれる。

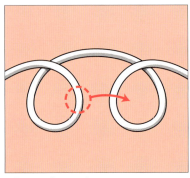

① ロープの交差が図のようになるように2つの輪を作る。両手を少し離してロープを握り、手を返すとこのような交差になる。

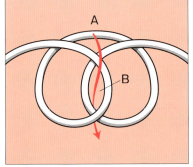

② 左の輪を上にして2つの輪を重ねる。中央にできる輪Bに下から手を入れてAをつかむ。

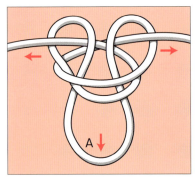

③ 輪から手を引き抜く。

④ Aを引っ張り、輪の大きさを調整してから、元とAを引っ張って結び目を引き締める。

 「セルフビレイ」（自己確保）とは、支点と自分をつなぐことで安全を確保する技術のこと。難所で作業をしたり、一時待機したりするときに使われる。

中間ループを作る②

バタフライ・ノット Butterfly Knot

簡単に輪を作れてしかも強度が高い。ほどきにくいので、輪の大きさを決めてから締めつけること。

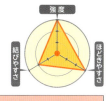

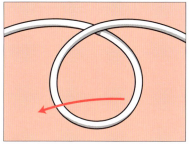

❶ ロープの中間をひねって輪を作る。

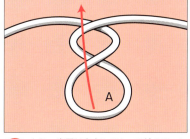

❷ もう一度同じ方向にひねって輪を2つにする。

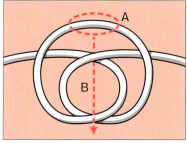

❸ 下の輪をもって上にあげて図の形にする。輪Bから手を入れて上にあげた輪の一部をつかむ。

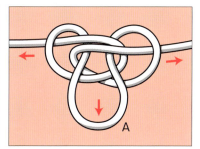

❹ つかんだ手を引き抜く。

❺ Aを引っ張り、輪の大きさを調整してから、元とAを引っ張って結び目を引き締めて完成。

豆知識 セルフビレイは、独学で身につけるのは危険。登山専門店などが行っている講習会などに参加しよう。

中間ループを作る③

二重8の字結び Double Figure of Eight Knot

ロープを2つ折りにしてから8の字結びをする。ロープの末端でも中間でも輪を作れる。結び目が崩れがちなので注意する。

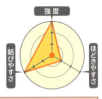

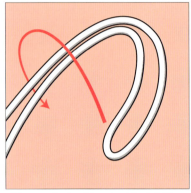

① ロープを2つ折りにして折った先端で8の字を描くように回していく。

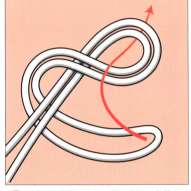

② 折った先端をさらに図のように交差させる。

対になったロープができるだけ平行になるように、ねじれのないように結んでいく。

③ 折った先端を輪に通す。

④ 結び目の形を整えながら引き締めて完成。

アドバイス 固く締まった結び目をほどくには？

二重8の字結びは固く締めるとほどきにくくなる。ほどけなくなったロープはP121で紹介した方法で、輪になった部分の根元をねじって結び目に押し込んでいくようにするとよい。

 二重8の字結びはP158の方法も覚えておこう。メインロープを結ぶときによく使われる。また、重量がかかる場合は末端の処理をして結びを補強すること。

4 スリングで支点を作る

「スリング」とは、ナイロン樹脂などでできたテープ素材のロープのこと。非常に強度が高く、立ち木や岩などを巻いて、体重を預けたりする際に用いる（「支点を作る」という）。スリングはカラビナとセットで使われるが、そのときに基本となるのが次の3つの掛け方だ。

支点を作る掛け方

ツーバイト
2つ折りにして掛け、ループをカラビナでとめる。引っ掛けるところがないと、ずれてしまう。短いスリングでも使える。

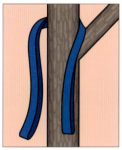

① スリングを立ち木などに引っ掛ける。

② ループにカラビナを掛ける。

ラウンドターン
立ち木などにひと巻きしてからループをカラビナでとめる。長めのスリングが必要。

① スリングを立ち木などにひと巻きする。

② ループにスリングを掛ける。

ガースヒッチ
ひばり結び（P45）をスリングに応用した掛け方。引っ掛けるところがないと、ずれてしまう。短いスリングでも使える。

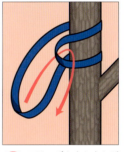

① スリングを立ち木などに掛けてひばり結び。

② カラビナを先に掛ける。

 スリングでの支点は、支点にするもの（立ち木や岩）の状況や大きさ、スリングの長さに応じて選択しよう。

カラビナにロープを掛ける

クローブ・ヒッチ Clove Hitch

巻き結びのことだが、登山では英名で通称される。カラビナにロープを掛けるときは非常によく使われる結びだ。

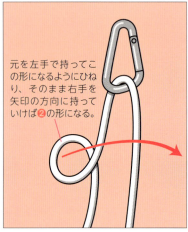

元を左手で持ってこの形になるようにひねり、そのまま右手を矢印の方向に持っていけば❷の形になる。

① カラビナにロープを掛けて、一方の元をイラストのようにひねる。

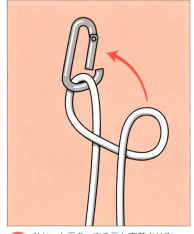

② ひねった元を一方の元と交差させる。

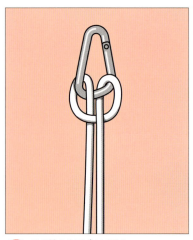

③ この輪をカラビナに通す。

④ 元を引っ張って締めれば完成。

 クローブ・ヒッチはすぐに結べるように繰り返し練習しておきたい。また、結び目を締めた後、どちらの元を引っ張っても結び目が動かないことを確認しよう。

5 荷物を引き上げる

難所を安全に通過するために、荷物をロープで引き上げる（下ろす）といったことがある。そういったときに使える結びを紹介しよう。

ザックを引き上げる①

ターバック結び Tarbuck Knot
重さがかかると結び目が引き締まるので、重い荷物にも使える結び方。

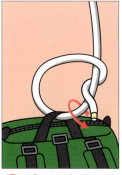

① ザックなどの持ち手に端を通し、元にからませる。

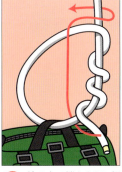

② 輪の中で端をさらに何度か巻きつける。

③ 端を上に上げて元に巻く。

④ 元へひと結び（P32）をする。

⑤ 元を引っ張ると持ち手に掛かった輪が絞られ、結び目が引き締まる。

> **豆知識** 登山用具はザックにしまうことを原則に。特にロープを外側につけていると、引っ掛かって転倒するなど非常に危険だ。

ザックを引き上げる②

グランベル結び

ひばり結び（P45）をカラビナを使って固定する方法。手順がシンプルで、荷物に素早く固定できる。

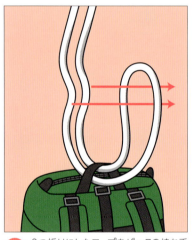

① 2つ折りにしたロープをザックの持ち手に通す。

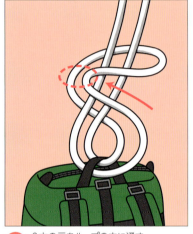

② 2本の元をループの中に通す。

③ ループを固定するようにカラビナを掛ける。

④ 元を引っ張れば完成。

登山用のロープやカラビナは、摩擦熱で焼けたり、テコの原理によって予想もしなかった耐強度以上の力が掛かることも。使用前には安全に使えるか点検を忘れずに。

第4章

釣りで役立つ結び

釣り糸の結びにはそれこそ膨大な種類がありますが、ここでは特に覚えておきたい基本中の基本の結びを厳選しました。特に「ユニ・ノット」「二重8の字結び」「内掛け結び（もしくは外掛け結び）」は繰り返し練習しましょう。

1 テグス同士をつなぐ

テグスはほどけにくい結び方で確実に結ぶのがポイント。テグスは摩擦熱に弱いので、締める直前に結び目を濡らして（唾をつけるなど）ゆっくり引き締めよう。

チチ輪を作る

二重8の字結び Double Figure of Eight Knot

道糸やハリス、金具などをテグスにつなぐための輪（チチ輪）を作るための結び方。すべりに強く強度もあるわりに、結び方も簡単。

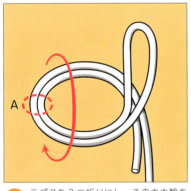

① テグスを2つ折りにし、そのまま輪を作る。

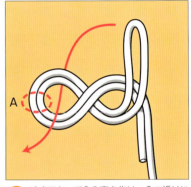

② Aをひねって8の字を作り、2つ折りにした先端部分を輪の下から通す。

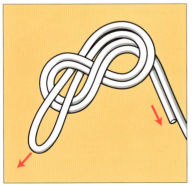

③ 折った先端と元の部分を持って結び目を引き締める。

④ 余った端の部分を切り落とせば完成。

 二重8の字結びは竿先への結束などにも使われるなど釣りではとても便利な結び。ここで紹介した方法はすべりやすい釣り糸でも簡単に結べる方法だ。

テグス同士をつなぐ

電車結び

釣りで使う最も基本的で応用範囲の広い結び方。2つ折りにして輪を作る際にも使える。

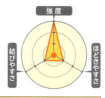

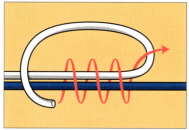

1 テグスを並べ、一方の端に輪を作る。

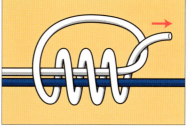

2 輪の中で端をもう一方のテグスに4～5回巻きつける。

3 端を輪から外に出し、引っ張って締めつける。

端を引いて結び目を整えながら軽く締め、その後に元と端を引いて締める。

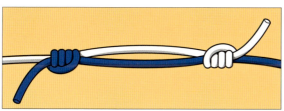

4 もう一方の端も同じように結ぶ。

5 両方の元を引っ張り、結び目同士をくっつけたら完成。

 電車結びはいわばユニ・ノット（P103）の応用版。ユニ・ノットは釣りでよく使われる結びなのでぜひ覚えておきたい。

太さの異なるテグスをつなぐ

オルブライト・ノット Albright Knot

お互いを巻きつける回数が多いので、手順も多いが強度の高い結び方。太さの違うテグスをつなぐ際には最適な方法だ。

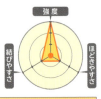

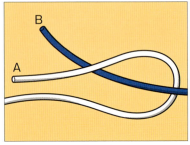

❶ 太い方のテグス（A）を2つ折りにし、そのループに細い方のテグス（B）を通す。

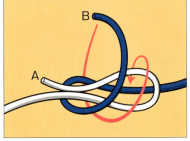

❷ Aのテグスが重なっているところでBの端を折り返し、巻きつける。

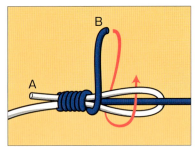

❸ 2本重なっているAをまとめるように8〜10回巻く。

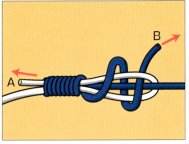

❹ 巻きつけたら、Bの端をAの輪の中に通し、結び目を引き締める。

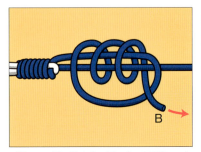

❺ Bの端で輪を作り元に2〜3回巻いてからひと結び（P32）を作って補強する。

❻ 結び目を引き締めて、余ったテグスを切ってできあがり。

 最近、白や赤、黄色など色つきの道糸が販売されている。視認性がよく、糸ふけ（糸がたるんでいる状態）がよくわかる。

2 釣具にテグスを結ぶ

釣り場で仕掛けを変更する際は素早く針にハリスを結ぶ必要がある。ふだんから練習しておこう。引き締める際に結び目を濡らすことも忘れずに。

釣り針にハリスを結ぶ①

内掛け結び

ハリスをつなぐ基本的な結び方の1つ。基本的にはユニ・ノットと同じ結び方で、どんなサイズの針にも使うことができる。

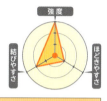

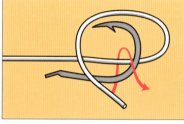

① 針の内側にハリスを沿わせながら、図のように輪を作る。

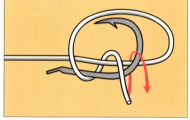

② 輪の中でハリスの端を針に巻きつける。

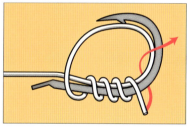

③ 5～6回巻きつける。

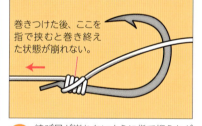

巻きつけた後、ここを指で挟むと巻き終えた状態が崩れない。

④ 結び目が崩れないように指で抑えながら、元を引いて引き締める。

⑤ 余った端を切り落としてできあがり。

完成

豆知識 内掛け結びもユニ・ノットの応用版。ユニ・ノットをしっかり覚えれば、内掛け結びをマスターするのは難しくないはず。

釣り針にハリスを結ぶ②

外掛け結び

内掛け結びよりも簡単だが、強度はやや落ちる結び方。サイズの小さい針をつなぐのに向いている。

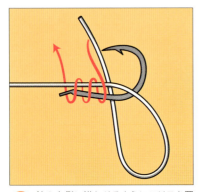

① 針の内側に沿わせるようにハリスを置き、折り返して指で持つ。

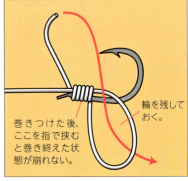

巻きつけた後、ここを指で挟むと巻き終えた状態が崩れない。

輪を残しておく。

② 針と添わせたハリスに折り返した部分を左から右に向かって巻きつける。

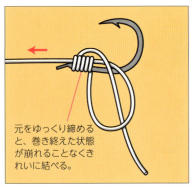

元をゆっくり締めると、巻き終えた状態が崩れることなくきれいに結べる。

③ 端を輪に通し、結び目の位置がずれないようにゆっくりと元を引く。

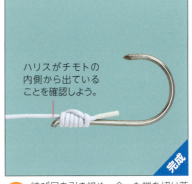

ハリスがチモトの内側から出ていることを確認しよう。

④ 結び目を引き締め、余った端を切り落としたら完成。

アドバイス チモトの外側から糸が出ないように

内掛け結びも外掛け結びも最後に出ていくハリスがチモトの内側から出るように。外側からだとチモトでハリスが切れる恐れがある。

 1号以下の細いハリスを使う場合は、巻きつける回数を増やして強度を高めるようにしよう。

枝針のつけ方①

幹糸に直接ハリスを結ぶ

市販の完成した仕掛けに頼らず、釣り場の状況で臨機応変に仕掛けを変えるために覚えておいたほうがよい。

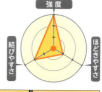

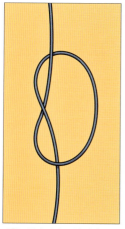

1 幹糸を止め結び(P25)にして輪を作る。

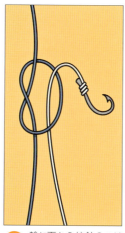

2 輪に下から枝針のハリスを通す。

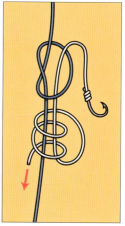

3 ハリスの端を幹糸に巻きつけ、固め止め結び(P43)を作る。

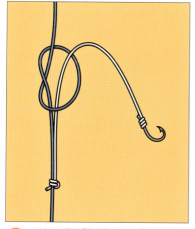

4 ハリスの端を引っ張って結び目を引き締める。

枝針が上方から出るのがポイント。

5 幹糸の止め結びをハリスの結び目に寄せて引き締め、余った端を切り落とす。

 内掛け結び、外掛け結びどちらかを確実にマスターしておこう。指が太くてハリスを扱うのが難しいのなら、外掛け結びのほうが結びやすい。

枝針のつけ方②

チチ輪に枝針を取りつける

幹糸に枝針をつけるにはチチ輪をつくる方法もある。針がとれてしまったときなどに、ハリスごと簡単に交換できる。

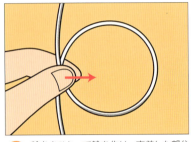

① 幹糸をひねって輪を作り、交差した部分を指でつまんで3回ほどより合わせて絡ませる。

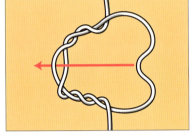

② 絡ませた部分の中央部を少し広げ、輪を作る。

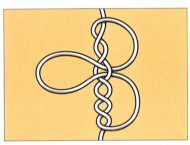

③ ①で作った輪を②で作った輪に通す。

④ 輪を引いて結び目を引き締める。

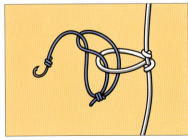

⑤ 先端に二重8の字結び（P94）でチチ輪を作ったハリスを用意し、図のように④の輪に結びつける。

⑥ ハリスを引っ張って引き締めればできあがり。

 最近では針とハリスをセットすると自動的にハリスを結んでくれる「自動針結び器」が販売されている。

連結金具に結ぶ①

漁師結び

ヨリモドシ（サルカン）などの連結金具を糸に結ぶ際、結びやすく、ほどけにくい、最も信頼性の高い結び方。

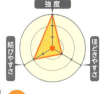

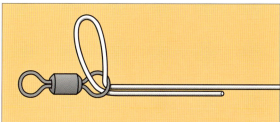

① 糸を二重にして連結金具の環に通す。

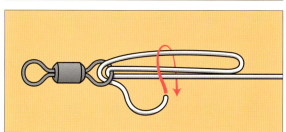

② 通した部分を元に沿わせる。

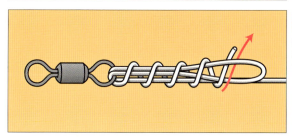

③ 糸の端を折り返した部分と元に4～5回巻きつけてから輪に通す。

④ 結び目が崩れないように元をゆっくりと引いたら完成。

 漁師結びの別名は「完全結び」。磯釣り、船釣り、堤防釣り、ルアー釣りなど多方面で愛用されている非常に強固な結びだ。

連結金具に結ぶ②

パロマー・ノット Palomar Knot

強度が高く、釣りではよく使われる結び方の1つ。シンプルで覚えやすく、ルアーやフックにも使える。

① 2つ折りにしたテグスを連結金具の環に通す。

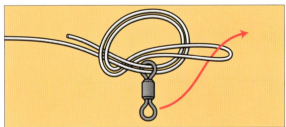

② 二重にした端で止め結びを作る。結び目はまだ引き締めない。

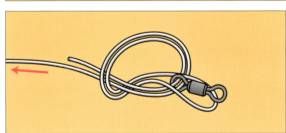

③ 連結金具をテグスの端でできた輪に通す。

④ 結び目を引き締める。余った端を切り落としたら完成。

豆知識 ハリスには、フロロカーボン製とナイロン製がある。フロロカーボンは傷つきにくく、伸びが少なくアタリがわかりやすく、比重が高く沈み込みが速いという特長がある。

連結金具に結ぶ③

ユニ・ノット Uni Knot

ユニ・ノットは応用範囲の広い結び方。連結金具で使うには最適な結びだ。

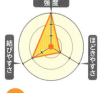

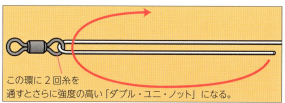

この環に2回糸を通すとさらに強度の高い「ダブル・ユニ・ノット」になる。

1 連結金具の環に釣り糸を通す。

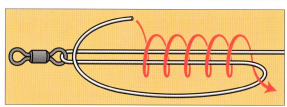

2 端を折り曲げてから元と交差させる。

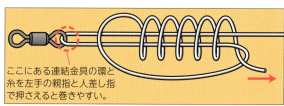

ここにある連結金具の環と糸を左手の親指と人差し指で押さえると巻きやすい。

3 細長い輪に端を5～6回巻きつける。

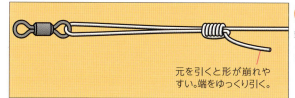

元を引くと形が崩れやすい。端をゆっくり引く。

4 端を引いて結び目を軽く締める。形が崩れないよう慎重に。

5 次に元のほうを引いて結び目を輪まで移動させ、余った端を切り落として完成。

豆知識 ナイロン製のハリスは、しなやかで伸びがあるため、大型魚などを狙うときに用いられる。ただし、アタリが出にくい面もある。

釣り糸を竿の先に結ぶ

二重8の字結び Double Figure of Eight Knot

釣り竿の先端についている「ヘビ口」に道糸を結びつける方法。
最初に作る輪を大きめにしておくと結びやすい。

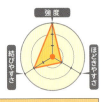

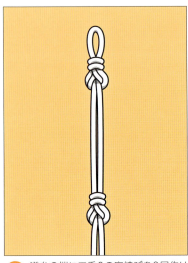

① 道糸の端に二重8の字結びを2回作りチチ輪にする。

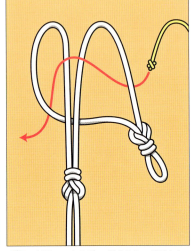

② 中間にできた輪の部分を2つ折りにし、そこに図のようにヘビ口を通す。

③ 道糸の元を引っ張ると結び目を引き締められる。ほどくときはチチ輪を引く。

 最初に作る輪を引っ張ると簡単に結びをほどくことができる。つまり、仕掛けの着脱が非常に簡単に行える結びだ。

104

ルアーにテグスを結ぶ①

フリー・ノット Free Knot

ルアーを結ぶ際に連結部分に輪を作る結び方。この輪がクッションになってくれるので、水中でルアーの動きがソフトになる。

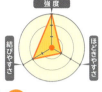

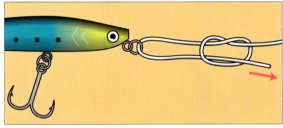

❶ テグスの端に止め結び（P25）を作り、ルアーの先端に通してから、この輪に糸を通す。

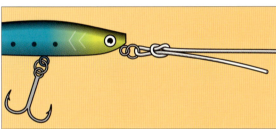

❷ 元と端を引いて結び目を引き締める。

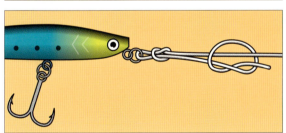

❸ 少し離れたところでもう1度止め結びを作る。

❹ こちらも引き締め、余った端を切り落としたら完成。

 フリー・ノットでは最後に締め込みすぎると、ルアーアイに強く結束してしまう。ルアーアイと結び目がほどよく離れる形にして締め込むようにする。

ルアーにテグスを結ぶ②

ダブル・クリンチ・ノット Double Loop Clinch Knot

ダイレクトにルアーを動かしたいときに使われる結び方。クリンチ・ノットの強度をさらに高めたもの。

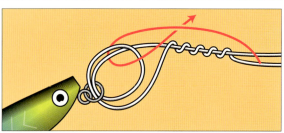

ここを1回通すのが「クリンチ・ノット」。

1 テグスをルアーのリングに2回通して輪を作る。

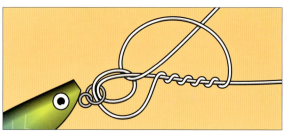

2 端を元に4〜5回巻きつける。

3 ❶でできた輪に端を通し、元側にできた大きな輪にも通す。

4 元をゆっくりと引くと、結び目が引き締まる。余った端を切り落として完成。

完成

ユニ・ノットもダブル・クリンチ・ノットも、ラインへの巻きつけ回数が多すぎると締めたときにラインにヨレが入るので注意しよう。

第5章

荷造りに役立つ結び

荷造りでは「梱包物を結ぶ」「古紙を結ぶ」の2つに大きく分かれます。「梱包物」は中身を安全に保管するための安全な結び、古紙の結びでは手早くまとめられる結びを紹介しました。

1 荷物を縛る

ダンボールや荷物をひもで縛るときは、❶始端の固定 ❷交差部の処理（ひもの掛け方）❸末端の固定の3つが大切だ。重く運びにくい荷物に取っ手をつける、大量の古新聞をまとめる、そんなときにこの3つがしっかりしていると荷崩れを起こすことなく、快適に作業をすることができる。

❶ 始端の固定

箱型のものを縛る際に、始端を固定するとロープを掛ける作業が楽になる。縛るものの角で始端を固定すると、ロープが緩むことなくしっかり掛けることができるからだ。縛るものの大きさや重さによって、簡単に固定する方法、頑丈に固定する方法を選ぼう。

❷ 交差部の処理

縛るものの大きさが大きくなるほど、また重量があるほど、ひもの掛け方が大切。交差部がしっかり処理されていると、どこを持っても荷が崩れない。

❸ 末端の固定

掛けたひもがほどけないように、縛るものの角で末端を固定する。すぐにほどきたい場合の結び方もある。

> **豆知識** 荷造りのひもはビニールテープ（PEテープやPPテープ）が用いられることが多いが、長期間保存する場合は紙ひもや麻ひものほうがほどけにくい。

始端の固定①

すばやく固定する結び方

重量がないもの、すぐにほどく必要があるものは、この結びを使おう。結びやすく、簡単にほどくことができる。

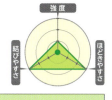

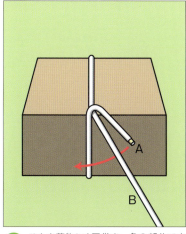

① ひもを荷物に1回巻き、角の部分で交差させる。

② AをBに1回巻きつける。

③ Aを強く引っ張りながらBを下に持っていくと始端が固定される。そのままBを荷物に巻いていく。

 小さい荷物なら始端を固定する必要はないが、大きめのものを縛るときは始端があることで強く巻きつけることができる。

始端の固定②

強固に固定する結び方

大きさや重さがある荷物を縛る際に使える結び。荷物にひもを2回巻くこともあり、よりしっかりと縛ることができる。

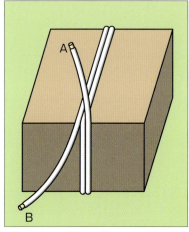

① 荷物にひもを2回巻き、やはり角の部分でAとBを交差させる。

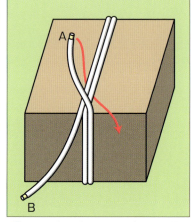

② Bを引いて力をかけながら、Aを荷物に掛かっている2本の下に通す。

③ 交差部が角にくるように調整しながらAとBを強く引くと始端が固定される。

 荷造りしたものを見えるところに置くときは美観にもこだわろう。ダンボールの色、巻くひもの種類などによって印象が変わる。

ひもの掛け方①

十字掛け

荷物の大きさや形に合わせた掛け方ならしっかりとした荷造りができる。十字掛けは小さめの荷物に向いている。

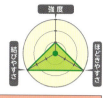

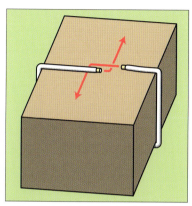

① 荷物にひもを1回巻き、天面の中央部で交差させてそれぞれ90度方向を変える。

② 方向を変えたひもをもう1回荷物に巻き、末端を角の部分で結ぶ。よりしっかり縛りたい場合は、ひもを巻く回数を増やせばいい。

アドバイス 荷造りに使えるひもと糸

PEテープ（ビニールテープ）

薄くて軽く、強度が高いので、古紙をまとめるひもとしてよく使われている。ただし、すべりやすく、ほどきにくい。

紙ひも

細くて軽く、操作性が高い。また、ほどきやすいという長所がある。ただ、強度はさほど強くないため、重量物の荷造りに向いていない。

麻ひも

クラフトやギフトのラッピングでもよく使われる。手触りや風合いがよく、軽くて操作性が高い。

PPひも（PP＝ポリプロピレン）

細くて強度が高く、扱いやすい。PEテープよりも伸びにくい。

豆知識 十字掛けをする前に巻いたひもが緩んでいると、しっかり縛ることができない。特に重いものを縛るときは要注意だ。始端を固定してしっかり巻こう。

111

ひもの掛け方②

キの字掛け

十字掛けに比べてよりしっかりと縛ることができる。少し大きな荷物や重さや長さのある荷物に使える掛け方だ。

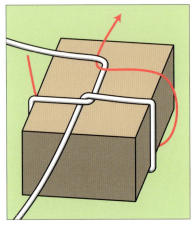

❶ 荷物を三等分するイメージで3分の1くらいの箇所に横方向に1回巻き、交差させた部分で縦方向に向きを変えて伸ばす。

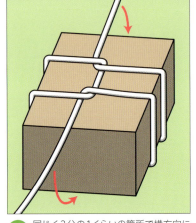

❷ 同じく3分の1くらいの箇所で横方向にもう1回巻き、天面で交差させて縦方向にも巻く。

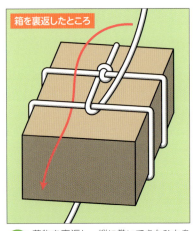

箱を裏返したところ

❸ 荷物を裏返し、縦に巻いてきたひもを交差する部分で横方向に巻いてあるひもに1回ずつ絡ませる。

完成

❹ ひもの端を表に回し、角の部分でもう一方の端と結べばできあがり。

 豆知識 キの字掛けは大きめの荷物にひもを掛けるのに適している。大型のダンボールをビニールテープでキの字に掛けて資源ゴミとして出す、といった使い方もできる。

ひもの掛け方③

井の字掛け

一辺に2回ずつひもを掛けるので荷崩れしにくく、大きい荷物に適した掛け方。持ち手が2箇所あり、重い荷物でも持ちやすい。

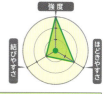

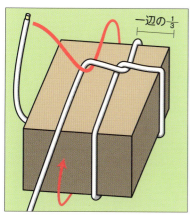

① 荷物の一辺を三等分する位置で縦にひもを巻き、図のような位置で交差させて方向を変えて横に1回巻く。

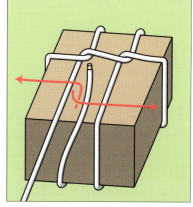

② 十字掛けと同じようにひもを絡ませて方向を変え、もう1回縦に巻き、再び絡ませて方向を変える。ひもを交差部で絡ませるたびにギュッと引くと、しっかり縛ることができる。

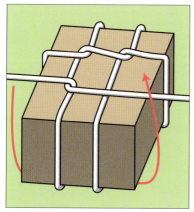

③ 横方向にもう1回巻く。

④ 末端同士を角で結んで完成。ひも同士を絡ませていない交差部で結び目を作るとより強固に縛ることができる。

豆知識 井の字掛けは、仕上がりが美しい。装飾用に使うこともできる。

交差部を固定する①

交差結び（「の」の字掛け）

荷物にひもを掛ける際、交差部を結んでおくと運んでいる最中にひもが緩んだり、荷崩れすることをさけられる。

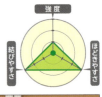

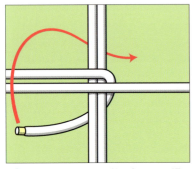

① 交差している部分に端を上から下に通して図のように絡ませる。

② 一番上に通っているひもに絡ませて方向を変え、もう1回下に通す。端を強く引くと交差部が固定される。

アドバイス　緩衝材を使い分けよう

引っ越しなどの荷造りでは荷物を守る緩衝材が必要。軽量物だったら新聞紙などの古紙で十分だが、割れ物、精密機械、ギフトなど、梱包物にあわせて適切なものを選ぼう。

ミラーマット

発泡ポリエチレン製のシート。小型のものは食器など小型の壊れ物の梱包に最適。

エアーキャップ

いわゆる「ぷちぷち」。梱包物の大きさにあわせて切って使える。

バラ状発泡緩衝材

小型の発泡ポリエチレン製材。箱の底、側面などに入れて梱包物の受ける衝撃を緩和する。

紙製緩衝材

小型の梱包物の周囲に入れることで衝撃を守ってくれる。

商品協力：株式会社アースダンボール　https://www.bestcarton.com

 交差結びは掛けるのもほどくのも簡単で、荷崩れしにくい。引っ越しのときには、荷物を手早く縛り、引っ越し先で素早くほどける。

交差部を固定する②

止め結び Overhand Knot

交差結びよりもしっかりと固定できるが、ほどきにくく、荷解きに時間がかかる。何度も運ぶ必要がある荷物などに使いたい。

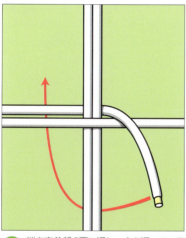

① 端を交差部の下に通し、上を通っているひもに掛けるように折り返す。

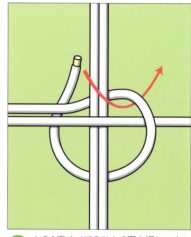

② もう1度すべてのひもの下を通し、上に持ってくる。

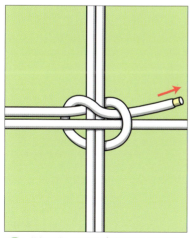

③ 荷物に巻いたひもが緩まないように引っ張りながら、できた輪に端を通す。

④ 端を引いて、結び目を引き締める。

 重量物の場合は、止め結びの代わりに8の字結びを使うとよい。強度がより高まる。

末端の結び方①

かます結び

しっかり固定できているか、また荷解きがしやすいかが末端の結びのポイント。引き解け型のかます結びはその両者を備えている。

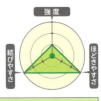

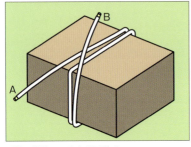

① 荷物にひもを2回巻く。

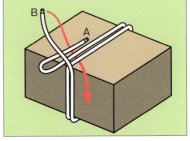

② 荷物の角の部分でAの端を2つ折りにしてループを作る。

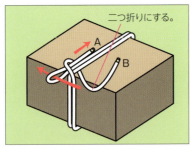

③ Bの端をAの上からすべてのひもの下を通す。

④ Bを2つ折りにして図のようにループに通す。

⑤ Aの端とBで作ったループを引っ張って引き締めたら完成。

アドバイス 古紙をまとめるときの末端は？

古紙をまとめるときの末端は、すべりにくい紙ひものようなものなら本結び（P27）や外科結び（P87）でも強固に結べる。
ビニールひものようにすべりにくい素材の場合は荷物の角で十分に引き締めて外科結びで結ぶとよい。

 上で説明したかます結びはBの端を引っ張ることでほどくことができる。Bを折り曲げないでループに入れると引き解けではない形になる。

末端の結び方②

垣根結び

強度が高い結び方で、荷物にかけたひもを引き締めながら結ぶことができるので、しっかりとした荷造りに適している。

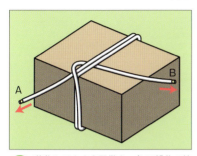

① 荷物にひもを2回巻き、角の部分で始端を固定する要領で引き締める。

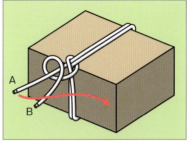

② Aの端にBの端を絡ませて輪を作る。

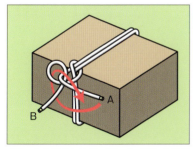

③ Aの端を右に持っていき、下からBの輪に通す。

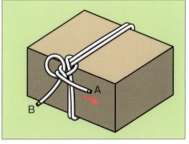

④ Aを右に引いて引き締める。

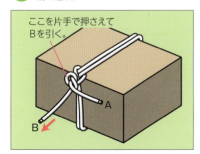

ここを片手で押さえてBを引く。

⑤ Bを引いて結び目を引き締める。

⑥ 結び目を押さえながらBを引いてさらに引き締めて完成。

 垣根結びは頑丈で見た目もきれいな結び。最後に輪の根元をしっかり押さえながら端を引いてゆっくり締めるのがきれいに結ぶコツ。

2 古紙を縛ってまとめる

古新聞や古雑誌をまとめる際には、しっかりと引き締めながら固定できることが大切。すべりやすいビニールひもでもきちんと固定できる結び方を覚えておこう。

古新聞や古雑誌をまとめる①

二重巻き結びの応用 Double Clove Hitch

多くの新聞や雑誌を一方向に巻いてまとめる結び方。手早く簡単に結べるので、古紙の束がたくさんあるときに便利だ。

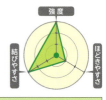

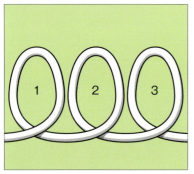

① まとめたい新聞などの大きさに合わせて3つの輪を作る。

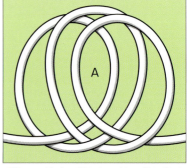

② 1の輪が一番下になるように輪を重ねたら、Aの輪の中に新聞などを通す。

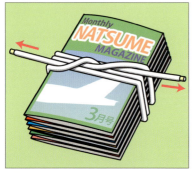

③ 両端を引き締める。すべりにくいひもならこの結びだけで結束できる。

④ 両端を時計回りにひねりながら交差させ、さらに引き締める。すべりやすいひもの場合、両端を本結び(P27)やはな結び(P28)で結ぶ。

豆知識 二重巻き結びで古新聞などをまとめる際、紙ひもなどすべりにくい素材であれば結び目は作らなくても固定できる。

古新聞や古雑誌をまとめる②

大量の古紙を手早くまとめる

ひもの上に新聞などを置くだけで十字にひもを掛けることができる。古紙の量が多い場合、利用してみよう。

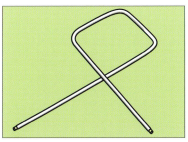

① ひもで図のように大き目の輪を作り床に置く。

② ひもを交差させた部分が中心にくるように新聞などを置く。位置がずれていると結びにくくなるので注意。

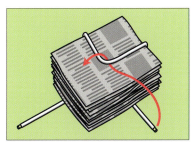

③ ①でつくった輪を新聞の上に持ってくる。

④ どちらか一方の端を上に持ってきて輪に通す。

⑤ 両端を引っ張って引き締めたら、角の部分で本結びなどで止めれば完成。

豆知識 大量の古紙を手早くまとめるときは、ビニールテープよりも紙ひもや麻ひものほうが適している。多少緩みがあっても古紙が固定するからだ。

古新聞や古雑誌をまとめる③

十字掛け+かます結び

大きさの違う雑誌などをまとめる方法。それぞれの辺に2回ずつひもを巻けば、荷崩れが起こることはない。

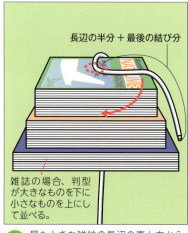

① 最も大きな雑誌の長辺の真ん中から、最後に結ぶ分の長さを取ってひもを置く。

② ひもを図のように置く。

③ 端はそのままで元を使って雑誌を巻く。

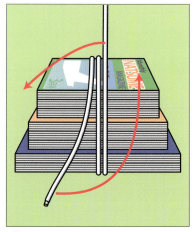

④ もう1回巻く。

 二重に十字掛けをすることで荷崩れすることはないが、すべりやすいロープのときは末端の処理に注意。ほどけるとすぐに荷崩れしてしまう。

⑤ ひもの端と元を長辺の中央部で交差させて向きを変える。

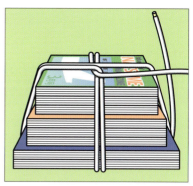
⑥ 長辺にもひもを1回巻く。

⑦ 両端を角の部分でかます結び（P116）や垣根結び（P117）でとめる。

アドバイス 固く締まったロープをほどくには？

ロープがなかなかほどけない。そんなときは次の方法を試してみよう。

❶結び目の根元を親指と人差し指でつかむ。
❷ロープをねじる。ロープの径が少し短く、また固くなってすべりやすくなる。
❸その状態でロープを押し込む。❶～❸を何度か繰り返すと徐々にほどける。

豆知識 麻ひもは製造工程で油を使用する。粗悪な製品だとその油が残っていて梱包物に移ってしまう場合がある。長期間保存する場合は、品質に注意しよう。

3 荷物を運ぶ

引っ越しなどで荷物を運ぶ場合、中身が壊れないように梱包すること、荷崩れしないようにしっかりひもで固定することが大切。梱包するものの種類、荷物の大きさなどによって使い分けよう。

壊れ物の梱包のしかた①

食器、パソコンなど壊れやすいものを運ぶ際には、しっかりと梱包する必要がある。次の点に注意しよう。

食器の梱包

① 食器同士が直接ぶつからないように1つずつを紙などで包む。紙はシワを作っておくとよい。

② 大きさの同じ皿などは緩衝材を挟んで重ねてから全体を包む。

③ 底に多めの緩衝材を敷き、箱と食器の間に緩衝材を詰めて食器が動かないようにする。

家電・パソコンの梱包

① パソコンやAV機器などは重く、衝撃にも弱いのでエアクッションなどで包み、必要に応じてダンボールなどで補強する。

② 箱に十分な緩衝材を入れてから機器を収める。角の部分を重点的に詰めると、箱の中で動きにくくなる。

③ 機器の上にも緩衝材を詰めてからフタをして、持ち手としてひもを掛ける。

豆知識 スーパーマーケットなどで無料でもらえるダンボール箱に重量物を入れるのはさけよう。一度使ったダンボール箱は強度が落ちていることがよくある。

壊れ物の梱包のしかた②

ガラス、液晶モニタなど割れやすいものの梱包

●ガラスを縛る

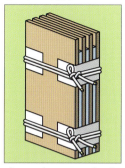

●三面鏡など鏡を縛る

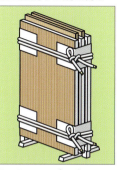

●液晶モニタを縛る

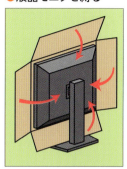

ガラスとガラスの間にダンボールをはさんでひもで縛る。角を布やダンボールで保護する。

鏡と鏡の間にダンボールをはさんでひもで縛る。角を布やダンボールで保護する。

ダンボールで液晶部分を保護してひもで縛る。重ねたエアーキャップで覆ってから梱包する。

軽い荷物に持ち手をつける

ひばり結びの応用 Cow Hitch

持ち手をつけておくと、いくつかの荷物を同時に持つことができる。簡単に結べてすぐに外せるが、重量物には向かない。

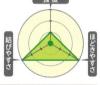

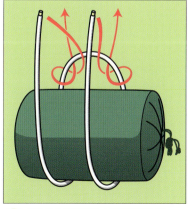

① ひもを2つ折りにして荷物に掛ける。

② ループの部分に両端を通し、上に出したら適度な長さで本結び（P27）にする。

 割れ物を梱包したら「割れ物注意」の札も忘れずに。

持ち手をつけて運ぶ

二重止め結び+ふた結び

箱状のものに持ち手をつければ片手で運ぶことができる。荷物の重心の上方に持ち手がくるようにひもを掛けよう。

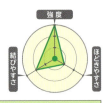

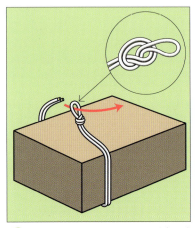

① 2つ折りにしたひもの端を二重止め結びにしておく。二重にしたひもを荷物に巻き、端を輪に通す。

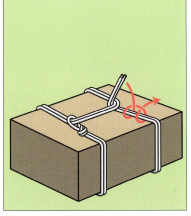

② 端を少し離れた位置で再び荷物に巻き、元に絡める。

③ 持ち手になる部分が中央にくるようにし、端をふた結び（P33）にする。

アドバイス ふとんを縛るには？

ふとんを荷造りする場合は、毛布などで包んでからロープで縛ること。薄ければ上で紹介した二重止め結び+ふた結びで、厚ければキの字型（P112）、井の字型（P113）で掛けてから縛るとよい。

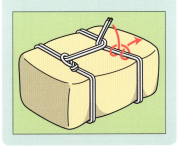

豆知識 ふとんを持ち運ぶときにふとん袋を使用する場合でも、キの字掛けや井の字掛けで掛けて縛ろう。運搬がとても楽になるはずだ。

円筒形の荷物を縛って運ぶ

樽結び

円筒形の荷物にもひもを掛けて持ち手をつけられる。3方向からひもを掛けるので、安定していて見た目も美しい。

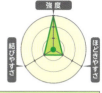

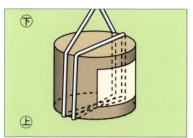

1 荷物を裏返した状態でひもを2回巻く。表面でひもが交差する点が荷物の中心に来るように。

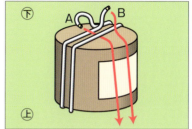

2 AをBの上から、かかっているひもの下側に通す。

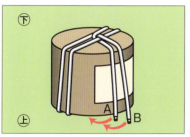

3 ひもを交差させた部分が荷物の中心にくるように調整しながらAとBの端を表に回す。

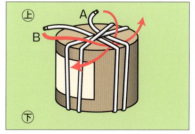

4 荷物を表が上にくるように戻し、AとBの端を交差したひも下を通してから図のように回す。

5 3方向に掛けたひもが三等分になるように調整しながら、結び目を中心に持ってくる。

6 持ち手となる輪を作って端を本結び（P27）にしたら完成。

 樽結びは見た目が美しく、装飾にも向いている。天井から装飾物を吊るすといった応用ができる。

植木鉢やつぼを吊るす

びん吊り結び

植木鉢やつぼなど持ちにくい円筒物に持ち手をつける方法。
上部が細い部分より太くなっている必要がある。

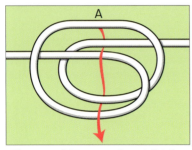

① ひもの中間に2つの重なった輪を作り、図のようにAをその輪に通す。

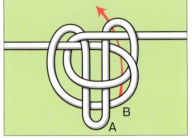

② Bを全体の下側を通して矢印の方向に移動させる。

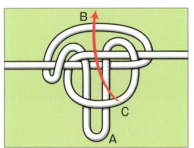

③ Cを全体の上側から矢印の方向に移動させる。

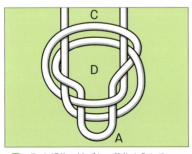

④ Dの部分に結びたい荷物を入れる。

⑤ 両端を一重つぎ（P53）で結び、Aといっしょに上に持ち上げる。

 びん吊り結びは円筒形のものだけでなく、Dの輪に引っ掛かるものだったら吊り下げられる。

ふくろの口を縛る①

締め結び

ふくろの口を握ったままで手早く縛れる。あまり細いひもを使うとほどきにくくなるので、4〜6mmほどの太さのものを使おう。

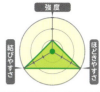

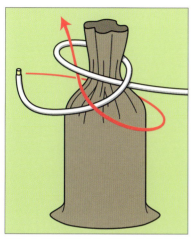

① ふくろの口に巻きつける。端が元の上を通るように。

② もう1回巻きつけ、元の上を通してから一巻き目の輪に端を通す。

③ 端を引いて結び目を引き締めれば完成。

 締め結びは装飾用に使うことも可能。ひもを切りたくない場合は、最初に巻く回数を増やして最後に締め結びを結ぶという方法もある。

ふくろの口を縛る②

粉屋結び

ふくろの口を持ったまま、結べる方法。締め結びとは巻き方が少し異なるが、細いひもだとほどきにくくなるのは同じ。

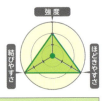

① ふくろの口を握ったまま、その手ごとひもを巻きつける。

② 端を今度は手の下を通してもう1回巻きつける。

③ 端を下から手が入っている部分の輪に通す。

④ 手を抜き、両端を引っ張って結び目を引き締める。

豆知識　上のイラストは右利きの方法。左利きの場合は手を逆にして行う。

4 荷台の積載物にロープを掛ける

荷台に荷物を積む際は、荷崩れに十分注意すること。摩擦力が大きくなるように荷物の上から毛布などの布をかけて覆っておくとよい。

ロープの掛け方

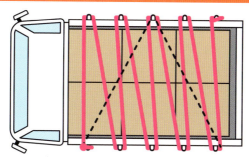

荷台にロープを掛ける際は、できるだけ短い距離で細かく折り返したほうが緩みにくく、しっかりと固定できる。ロープが短く、点線のように長い距離に掛けなければならない場合は、荷台に人が乗り、協力してロープを締めつけるようにしよう。

始端を固定する

ふた結び Two Half Hitch

まずフックに始端を固定する。ふた結びならロープに張力がかかっている間は結び目が引き締まり、荷を降ろす際にはほどきやすい。

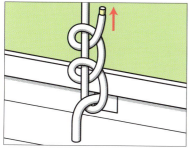

① フックにロープを掛けてまずはひと結び（P32）。同じ結び方をもう1回重ねる。

② 端を強く引っ張って、結び目を引き締める。

荷台に掛けるロープの始端を固定する際、荷物の大きさ、重さなどによっては厳重に末端処理をしよう。

末端を固定する

トラッカーズ・ヒッチ Trucker's Hitch

運送業者などのプロが使う機会が多いことが呼び名の由来。きつく引き締めることができる割に、コツを覚えればほどくのも簡単。

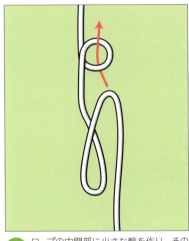

① ロープの中間部に小さな輪を作り、その下を折り返して1回ねじる。

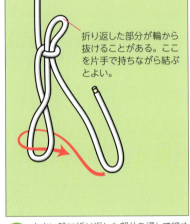

折り返した部分が輪から抜けることがある。ここを片手で持ちながら結ぶとよい。

② 小さい輪に折り返した部分を通して締める。

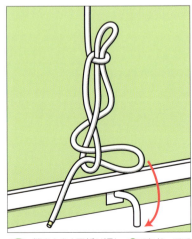
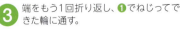

③ 端をもう1回折り返し、①でねじってできた輪に通す。

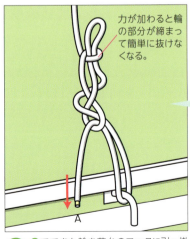

力が加わると輪の部分が締まって簡単に抜けなくなる。

④ ③でできた輪を荷台のフックに引っ掛け、端を引いて締める。

 P58のロープ・テークルと原理は同じ。ただし、最初に作る輪を結ばず、最後を引き解けにしているため、ほどきやすいのがトラッカーズ・ヒッチの特長だ。

第5章 荷造り

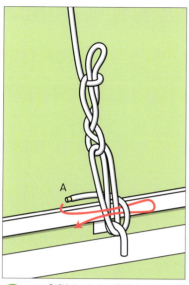

5 ロープが締まったら、端Aをフックに掛ける。

タイヤへの巻き込み、他車との接触をさけるために、余った部分は必ず巻きつけるなどの処理をしておくこと。

6 Aを2つ折りにして「引き解け」になるように輪に通す。

完成

積荷の上に人が乗り、ロープを一度上に引き上げ、離した瞬間に下の人がAを引っ張ると、より強く引き締めることができる。

①荷物にかかっているロープを持ち上げてパッと離す。

②荷台に乗った人がロープを離した瞬間に手順❹のAを思いっきり引っ張る。

豆知識 トラッカーズ・ヒッチは「ワゴナーズ・ヒッチ」「南京結び」「万力結び」と呼ばれることもある。結び方にはいくつかのバージョンがあるが原理はほぼ同じ。

オートバイや自転車の荷台に積む

かます結び

オートバイや自転車に荷物を積む場合、荷崩れしないようにしっかりとロープで固定する必要がある。

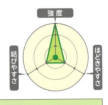

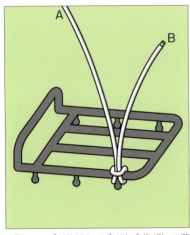

① ロープの始端をひばり結び（P45）で荷台に固定する。Aを長く、Bを短くする。

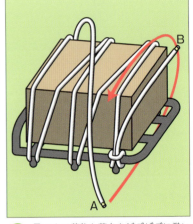

② 長いAで荷物と荷台をジグザグに巻いて、荷物の端まで巻いたら始端の位置に戻し、荷台の下から上に持っていく。

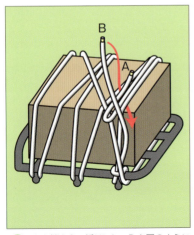

③ Aの端を2つ折りにし、Bを図のように巻きつける。

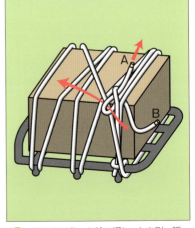

④ BをAで作った輪に通し、Aを引っ張って引き締める。

 オートバイや自転車は車輪にロープが絡まると重大な事故につながる。端が余らないように荷物に巻き、しっかり末端を処理しよう。

第6章

日常生活を便利にする結び

紫外線で傷むシェラフは使用後に日陰干しする必要がありますが、部屋の片隅にいつもロープを張っておけば簡単に干すことができます。日常生活をちょっと便利にするそんな結びを紹介しました。

1 物干しロープを張る

洗濯物を干すロープは日常生活でも出番の多いもの。水を含んだ洗濯物は数が多いとかなりの重さになるので、始端と末端を強固に結びつける必要がある。

始端を柱に結ぶ

ねじ結び+止め結び

ねじ結び（P40）は強く張られている際はほどけにくいが、緩むとほどけやすくなるので端を止め結び（P25）で補強する。

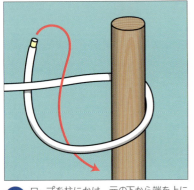

① ロープを柱にかけ、元の下から端を上に持っていく。

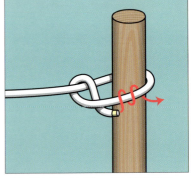

② 端を輪の中に通し、ひと結びを作る。

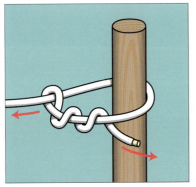

③ 端を輪の中に何度か通し、ねじ結びにする。

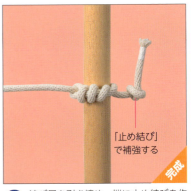

④ 結び目を引き締め、端に止め結びを作れば完成。

「止め結び」で補強する

完成

強度アップ ねじ結びの強度をアップする場合は、手順③で輪の中に通す回数を増やせばよい。

強く張りながら末端を固定する

ロープ・テークル Rope Tackle

ロープを強く張りながら固定したいときに使える。緩んできたら、輪に通したロープを再度強く引けば、張りが戻る。

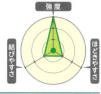

① ロープの端から少し離れた位置によろい結び（P58）で輪を作る。

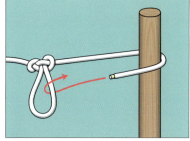

② 端を柱にかけてから、❶で作った輪に通す。

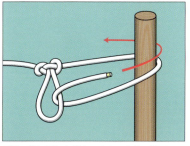

③ 輪に通した端を、もう一度柱に掛ける。

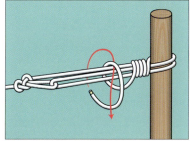

④ 端を強く引いてロープを張りながら、図のように巻きつける。

⑤ 数回巻きつけたら、端を巻き結び（P32）で固定する。ここはひと結び（P32）を使ってもOK。

 この結びはP130の「トラッカーズ・ヒッチ」と同じ原理。ただし、最初の輪をよろい結びにする分、ほどきにくくなる。長期間ロープを張りたいときに向いている。

2 靴ひもを結ぶ

はな結び（P28）が使われることが多いが、よりほどけにくくする方法もある。また、足にフィットする靴ひもの掛け方も紹介しよう。

緩みにくい結び方①

はな結び＋ひと結び

はな結びに一手間加えてほどけにくくしたのがこの結び方。靴ひもは素材によってほどけやすいものがある。そんな素材に活用したい。

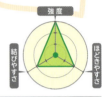

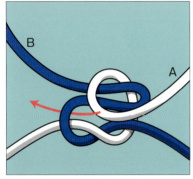

① 両端ではな結びを作る。

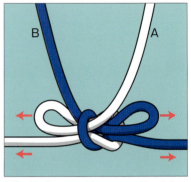

② 結び目を引き締める。この際に左右の輪を通常より長く引き出しておく。

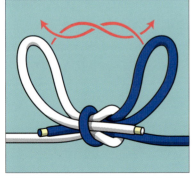

③ 長めに作った左右の輪を絡み合わせる。

④ 左右の輪をひと結び（P32）にする。巻く方向が逆になるとほどけやすくなるので注意。

豆知識 はな結び＋ひと結びは、長い靴ひもを切らずに使いたいときにも使える結びだ。

緩みにくい結び方②

はな結びの応用

途中まではな結び（P28）の手順で、最後に結び目に輪を通して強度を増す。結び目はさほど大きくならない。

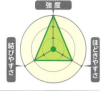

① 両端ではな結びをする。

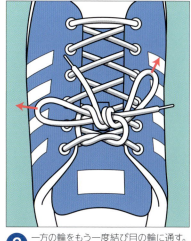

② 一方の輪をもう一度結び目の輪に通す。

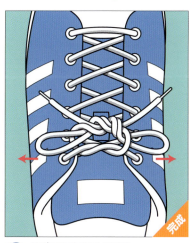

③ 結び目を引き締めて完成。

 はな結びを応用した靴ひもの結び方で、強度をさらに増したい場合は、もう一方の輪も結び目の輪の中に通すとよい。ただし、結び目は大きくなる。

靴ひもの掛け方①

オーバーラップ

緩みにくく、フィット感が向上する靴ひもの掛け方。さらに❸〜❻の手順を加えることで、さらに緩みにくくすることが可能。

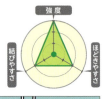

❶ 靴の先端の2つの穴に上から靴ひもを通す。このとき、左右の長さが均等になるように調整する。

❷ ひもを中央で交差させながら、左右の穴に上から通していく。

❸ 上から3番目の穴まで通したら、次は2番目の穴を飛ばして一番上に通す。

❹ 同じ列の2番目の穴に上から靴ひもを通して輪を作る。

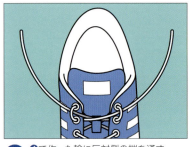

❺ ❹で作った輪に反対側の端を通す。

❻ はな結び(P28)で両端をとめれば完成。

 靴ひもを通すときに肝心なのは、最初に左右の長さを均等に調整すること。ずれるときれいに結べないことがある。

靴ひもの掛け方②

アンダーラップ

穴の下から上へ靴ひもを通す方法。緩みやすいという欠点があるが、足をあまり締めつけたくない場合は適している。

1 靴の先端の2つの穴に下から靴ひもを通す。このとき左右の長さが均等になるように調整する。

2 一方のひもを斜め下の穴に下から上へ通していく。

3 最後の穴まで通す。

4 もう一方のひもを同様に斜め下の穴に下から上へ通していく。

5 最後の穴まで通す。

6 はな結び（P28）で両端を結べば完成。

 汚れた靴ひもを交換するときは長さに注意しよう。古い靴ひもの長さを測ってから購入しよう。

3 ガーデニングで使う

庭に垣根や生け垣を作る、植物に支柱を立てるなどガーデニングもひもやロープが活躍することが多いシーン。園芸用のシュロ縄が使われることが多い。

竹垣を作るポイント

ぐらつきや歪みのないきれいな竹垣を作るのなら、下記の❶〜❸の順で作業を進めるといい。

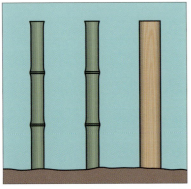

横に通す竹を前後にはさむように竹を立てる。

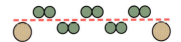

さらに頑丈にしたいときは竹を複数本立てるようにする。

❶ 両側に太い柱（支柱）を立て、その間に均等に竹の柱を立てる。ぐらつかないようにしっかりと地面に打ち込む。

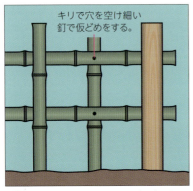

❷ 横に渡す竹の位置を決めて仮どめする。

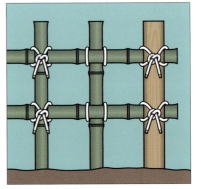

❸ 裏十字や裏二の字でシュロ縄を掛けて最後に垣根結び（P142）でとめる。

豆知識 水に強い天然素材のシュロ縄は竹垣によく使われる。添え木でもよく使われる。ただし、化学繊維と比較すると腐りやすい。

十字に組んだ竹の交差部を固定する①

裏十字

垣根を作る際にはひもを結ぶ前の掛け方も覚えておく必要がある。名の通り、裏から見た時に十字になる掛け方。

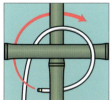
 表から見て斜めになるようにひもを掛ける。

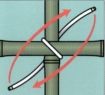
 端を裏に回し、元に絡めてから表に戻す。

 表に戻した端を、それぞれ対角線上に掛ける。

裏二の字

裏から見た際に「二」の字になる掛け方。止める際は垣根結び（P142）などを使う。

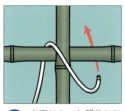
❶ 十字になった部分にひもをななめに掛ける。

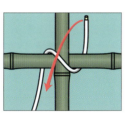
❷ 端を裏に回したら横棒に掛けてから表に戻す。

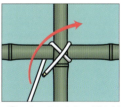
❸ 表に出したら、端を対角線上に掛ける

 もう一方の端も対角線上の斜め上に持っていく。

 裏十字や裏二の字は竹垣など軽い材料を使うときに向いている。細柱や金属など比較的重いものをしっかり結びたいときは角縛り（P64）が向いている。

十字に組んだ竹の交差部を固定する②

垣根結び

垣根の交差部を美しく見せられる結び。長いひものまま連続して結べるので、作業効率が高い。

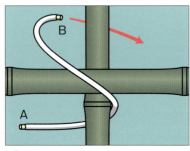

① 交差している部分にひもを斜めに掛ける。

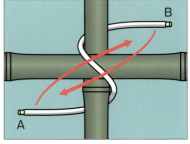

② 端を裏に回したら横棒に掛けてから表に戻す。

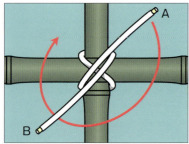

③ 両端をそれぞれ斜めに引く。

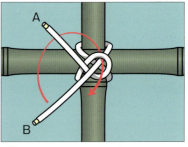

④ Aの端でBの端を1回巻く。

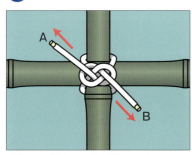

⑤ Bの端をAの後に通して、もう1回Aの輪に通す。

⑥ Bも引いてさらに引き締め、余った端を切り落とす。

 荒縄とはシュロ縄と比較するとやや太めのわらで作られたロープのこと。庭木にかかわる結びによく使われるが、腐りやすいので注意。

柵を作る①

ひばり結びの応用 Cow Hitch

柱に穴を開け、そこにロープを通して柵を作る。このように結び目はできるだけシンプルなほうが、見た目がスッキリする。

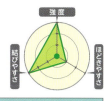

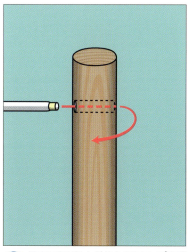

1 地面に打ち込んだ柱の穴にロープを通す。穴の高さを合わせておくこと。

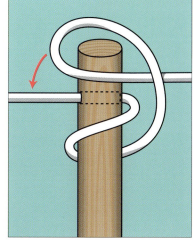

2 ロープを元の下から柱に巻き、図のように輪を上から掛けるようにする。

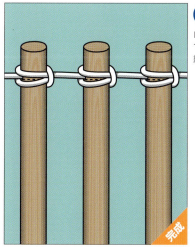

3 ロープの張りを調整してから、結び目を引き締める。

第6章 日常生活

豆知識 麻縄は麻で作られたシュロ縄と同程度の太さのひも。伸縮が少なく、結ぶと固くよく締まるので、庭木の縛りによく使われる。

柵を作る②

固め結び Constrictor Knot

強度が高くしっかりロープを固定できる結び。緩むと美しくないので、しっかりとロープを張ってから次の柱に移ろう。

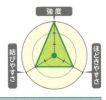

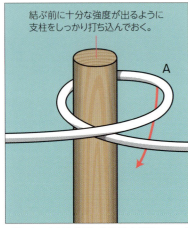

① しっかりと地面に打ち込んだ柱にロープを巻く。

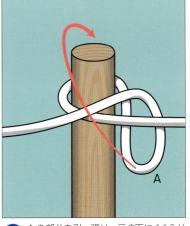

② Aの部分を引っ張り、元の下にくぐらせて上に持っていく。

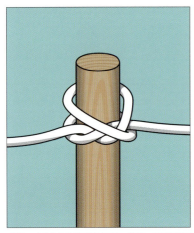

③ くぐらせた輪を柱に引っ掛け、両側の元を引いて引き締める。

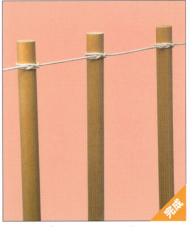

④ ロープの張りを調整しながら、次の柱に結びつけていく。

豆知識 横に長い柵の場合は、途中で柱を複数本立てるようにすると強度が高まる。

柵を作る③

巻き結び Clove Hitch

手早く簡単に柵を作れる結び。1つの柱に結びつけたら、しっかりロープを張ってから次の柱に結ぼう。

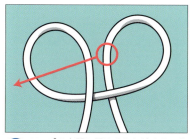

1 ロープの中間に図のような輪を2つ作る。

2 2つの輪を重ねる。元側の輪が下になるように。

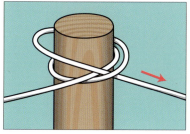

3 重ねた輪を柱に掛ける。

4 ロープの張りを調整してから結び目を引き締める。

アドバイス ロープを中間で固定する際には簡略化したひばり結びが有効

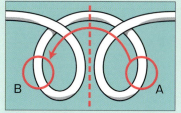

❶ロープの中間に輪を2つ作り、破線で折ってAをBに重ねる。

❷重ねたまま柱に掛け、張りを調整してから結び目を引き締める。

豆知識 柱の本数が多いときは効率よく結べる固め結び（P144）や巻き結びが向いている。

支柱に植物をとめる

巻き結び Clove Hitch
柱に添わせてとめるときに使う。すべりやすい素材のひもは端を止め結び（P43）にするとよい。

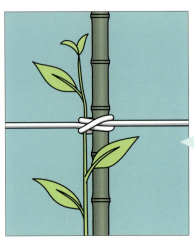
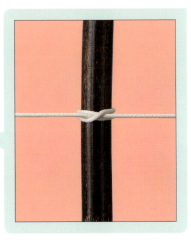

もやい結び Bowline Knot
柱から少し離してとめるときに使う。植物が育って太くなってもロープが食い込むことを防げる。

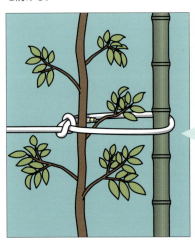

豆知識 ここでは植物に平行に沿わせる簡単な添え木を紹介したが、3本の支柱で植物を支える大掛かりな添え木もある。その際ははさみ縛り（P68）で添え木を結ぶ。

4 マットやコースターを作る

ロープは編むことでマットにすることもできる。8mmほどの太いロープで作ればマットに、細いロープではコースターを作ることができる。古いロープの活用法としても有効だ。

マットを作る①

円形マット結び4輪型 Carrick Bend Mat

輪を4つ組み合わせた形のマット。最初に作る3つの輪でマットの大きさが決まる。形を整えたら、その輪に沿うようにロープを通していく。

① 図のように重なった2つの輪を作り、矢印のように端を通す。

② 3つの輪ができたら、それぞれの輪の大きさを合わせる。

③ 矢印のようにロープを通し、4つ目の輪を作る。

④ 4つの輪ができたら、1周目のロープに沿わせるようにして2周目も同様にロープを通す。

⑤ 大きさやデザインの好みに合わせて数周巻き、終わったら端を裏側に接着して止めて完成。

豆知識 完成後に薄めたニスで表面をコーティングすると汚れがつきにくくなる。

マットを作る②

円形マット結び5輪型 Carrick Bend Mat

輪を5つ組み合わせた形のマット。輪のサイズを整えてからひもを通していこう。

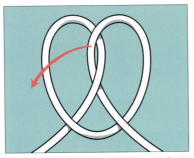

① 図のような輪を作る。形やサイズを整えたら、矢印のように通す。

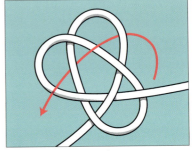

② 矢印のようにロープを通す。

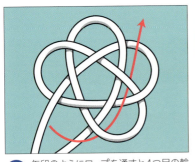

③ 矢印のようにロープを通すと4つ目の輪ができる。

④ 1周目のロープに沿わせて2周目を巻いていく。

⑤ 数周巻いて目が詰まってきたら、端を裏側に接着してできあがり。

豆知識　ロープの端をとめるには手芸用の水性接着剤が適している。

マットを作る③

卵型マット結び Ocean Plait Mat

円を複数組み合わせた卵型のマット。1周目で形を整えておくと、仕上がりが美しくなる。❶の行程でおおよそのサイズが決まる。

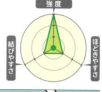

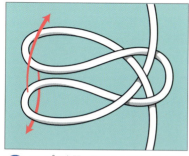

❶ ロープの中間に図のように輪を2つ作ったら、矢印のように動かして輪を重ねる。

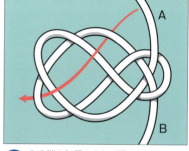

❷ Aの端を矢印のように通す。

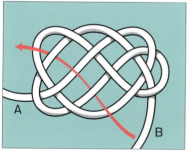

❸ 続いてBの端を矢印のように通す。

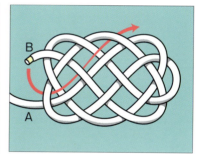

❹ Bを1周目のロープに沿わせるようにして巻いていく。

❺ 数周巻いて目が詰まってきたら裏側で端を止めて完成。

豆知識 卵形マットは「ナポレオン・マット」とも呼ばれる。太いロープを使うと大きく見栄えがよいマットができる。

鉢やびんを飾る

たが結び Turk's Head Knot

植木鉢やびんなど円筒形のものに巻きつけて装飾する編み方。鉢やびんの見栄えがずっとよくなる。

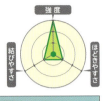

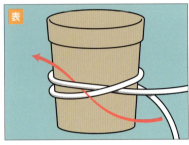

① 図のように、元の上に重なるようにロープを巻く。

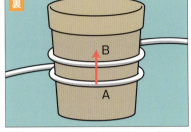

② 裏側でAのロープをBのロープの上に持ってくる。

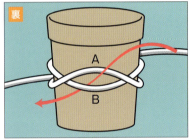

③ 矢印のように端を通し、この後はAのロープに沿わせるようにしてロープを通していく。

④ 端をAに沿わせながら何周か巻く。

⑤ 始端と末端を巻いたロープの下に差し込んでとめれば完成。

「たが」とは竹を編んで輪にし、桶や樽の外側に締め固めるために用いていたもの。それをロープで応用したのがこの結びだ。

第7章

緊急時に
役立つ結び

緊急時には1本のロープと適切な結び
によって自分の命を、またケガ人を救
えたといったことがあり得ます。ボー
イスカウトのモットーである「そなえよ
つねに」は緊急時でより発揮されます。

1 高いところから避難する

緊急時、最もロープが役立つのは高いところから避難しなければならない状況だろう。自身が避難する方法、負傷者を下ろす方法などシーン別に役立つ結びを紹介する。

体を支えて高いところから下りる①

腰掛け結び Bowline on a Bight

2つの輪を作り、体を支えて高所から下りるための結び。強度が高く、それぞれの輪のサイズを調整することもできる。

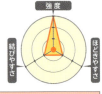

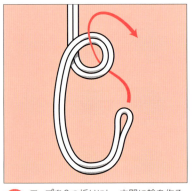

❶ ロープを2つ折りにし、中間に輪を作る。

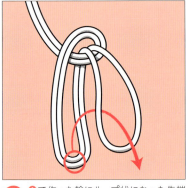

❷ ❶で作った輪にループ状になった先端を通す。

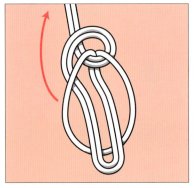

❸ ❷で作った先端の輪に、二重になっているロープを通す。

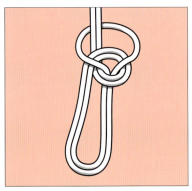

❹ ❷で作った輪を上へ回す。

 腰掛け結びは右ページのイラストのように膝と脇を通して体を支える方法のほかに、2つの輪それぞれに片脚を入れる方法がある（P160のスペインもやい結びを参照）。

152

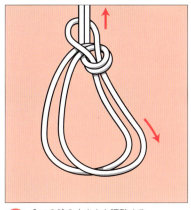

❺ 2つの輪の大きさを調整する。

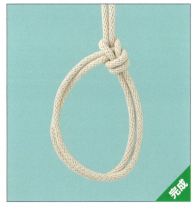

❻ 結び目を引き締めて完成。

アドバイス 腰掛け結びの輪の掛け方

腕の力で体を支える必要があるため、手を負傷してロープをつかめない場合は使わない。

2つの輪の一方で脇を、もう一方で膝の部分を通して体を支える。脇を通す輪を小さめに、膝に掛ける輪を大きめにしておくと姿勢が安定しやすい。

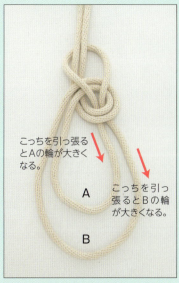

こっちを引っ張るとAの輪が大きくなる。

こっちを引っ張るとBの輪が大きくなる。

A

B

大きい輪を膝に掛け、小さい輪を脇下に掛けると、体を起こした状態で吊り下がることができる。

第7章 緊急時

豆知識 ケガ人の意識がある場合、それぞれの輪に片脚ずつ入れた際は、ロープを胸の位置でしっかりつかむか、何らかの方法でロープに固定するようにする。

体を支えて高いところから下りる②

二重もやい結び Double Bowline Knot

2つの輪で体を支える結び方。体への掛け方は腰掛け結びと同じ。ロープをつかんで体を支える必要がある。

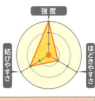

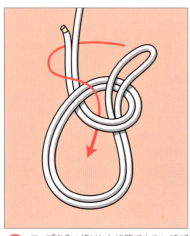

① ロープを2つ折りした状態でもやい結び（P34）を作る。元に輪を作り、図のようにループ状の先端を通す。

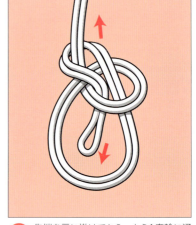

② 先端を元に掛けてから、もう1度輪に通す。

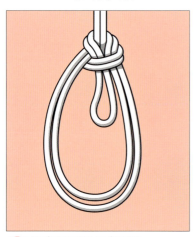

③ 結びを引き締めれば完成だ。

ひと結びでできた小さい輪を手でつかむ。

完成

④ さらにひと結び（P32）で補強を加えておくと、さらに強度が増す。

 自力でロープにつかまることのできない負傷者はロープで高所から下ろさない。どうしても下ろす必要があるときはロープに固定すること。

コブを使ったはしごを作る①

連続止め結び

ロープをつたって下りる際、小さなコブを作っておくだけで、格段に握りやすくなり、体の保持もしやすい。

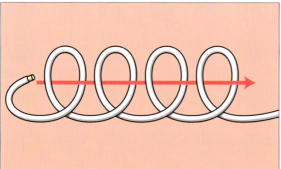

① ロープに等間隔で連続した輪を作る。

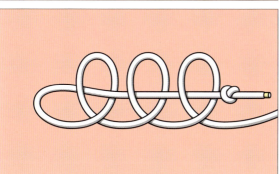

② その輪に端を通し、引き抜いていく。

③ ロープに連続した結び目ができるので、間隔を調整しながら引き締める。

完成

第7章 緊急時

豆知識 大きなコブを作るためには直径12mm以上の太めのロープがよい。

コブを使ったはしごを作る②

連続8の字結び

より大きなコブを作るのなら、止め結びよりも8の字結びのほうが向いている。ただ、その分ロープの長さも必要となる。

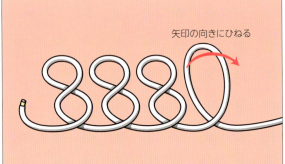

矢印の向きにひねる

❶ ロープの中間にできるだけ等間隔の連続した8の字を作る。元を持って2回連続して矢印方向にひねると作れる。

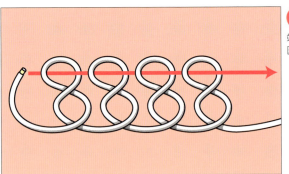

❷ 端を8の字の上の輪に図のように通す。

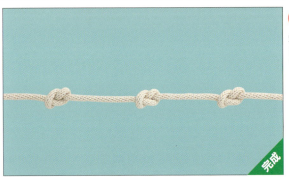

❸ 端と元を引っ張ると8の字結びが次々と完成する。

完成

豆知識 連続8の字結びを等間隔に作って下りやすくするには、30〜40cm間隔で8の字形を作るようにする。

中間ループを使ったはしごを作る

よろい結び Manharness Knot

ロープの中間にコブではなくループを作って、そこに手や足を入れて昇り降りができるはしごにする。

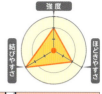

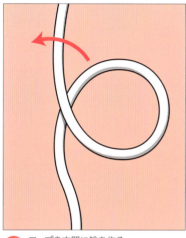

① ロープの中間に輪を作る。

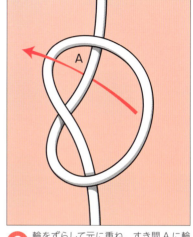

② 輪をずらして元に重ね、すき間Aに輪をくぐらせる。

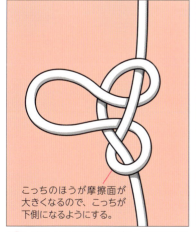

③ 輪の大きさを整えながら、引き締めるとよろい結びの完成。

こっちのほうが摩擦面が大きくなるので、こっちが下側になるようにする。

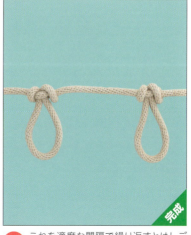

④ これを適度な間隔で繰り返すとはしごができる。

第7章 緊急時

 よろい結びでループ状のはしごを作るときは、30〜40cm間隔で輪を作るようにするとよい。

157

体にロープを結ぶ

二重8の字結び Double Figure of Eight Knot

災害時、安全を確保するために体にロープを結ぶことがある。この結びなら、自分の体にロープを掛けながら結べる。

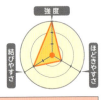

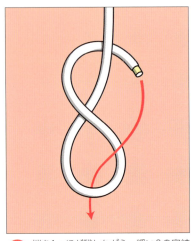

① 端を1mほど残しながら、緩い8の字結び（P26）を作る。

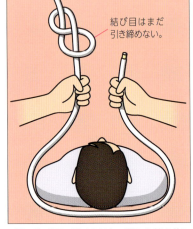

結び目はまだ引き締めない。

② 結び目の近くを持ち、残した端を体に巻く。

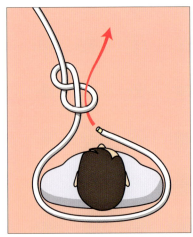

③ 体に巻いた端を8の字結びの手前の輪に通す。

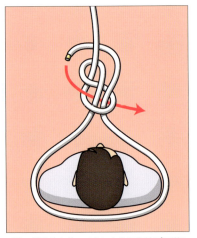

④ 端を先に作っておいた8の字結びに沿わせるように通す。

 緊急脱出用ロープは二重にしたロープ（ダブルロープ）のほうが当然、安全性が高い。細いロープの場合はもう1本用意するか、長いロープを用意したほうがいい。

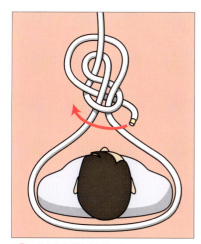
5 8の字に沿わせていく。

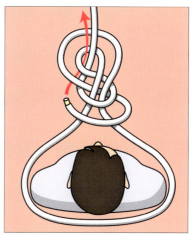
6 8の字に沿わせて最後に元のほうに出す。

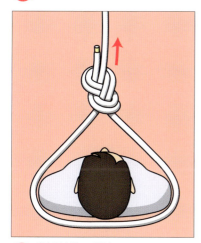
7 端と元を持って引く。

8 二重に巻いたロープがねじれないように締めて完成。

アドバイス 輪の大きさが変えにくいので注意

P88のやり方とは違い、8の字結びに沿わせて端を通していく結び方だが、輪の大きさをどのくらいにするか、目安をつけてから結び目を締めること。いったん結んでしまうとほどきにくい結びなので注意しよう。

 豆知識　本書で紹介した縄ばしごは2階から地上、または1つ下の階に下りる程度の避難用のもの。両手でつかまって、両足（はだし）で下りるようにしよう。

負傷者を高いところから下ろす

スペインもやい結び Spanish Bowline Knot

2つの輪を作り、そこに両足を通すことで負傷者の体を支え、高いところから下ろすときに使える。

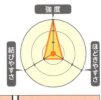

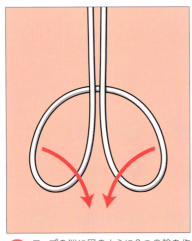

① ロープの端に図のように2つの輪を作る。

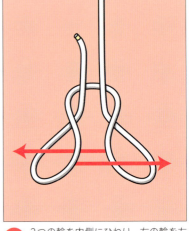

② 2つの輪を内側にひねり、右の輪を左の輪の中に通す。

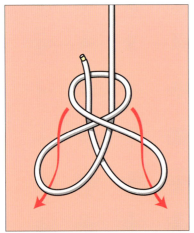

③ 上部の輪を広げるように、左右それぞれの輪に通す。

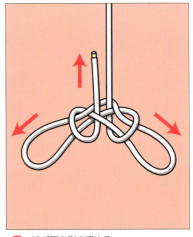

④ 結び目を引き締める。

 スペインもやい結びは強度の高い2つの輪を作るのに最適な結び。はしごの両端それぞれにスペインもやい結びで結んで水平状態でつり上げるといった使い方もできる。

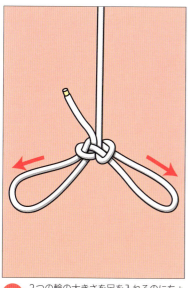

⑤ 2つの輪の大きさを足を入れるのにちょうどいいサイズに整える。

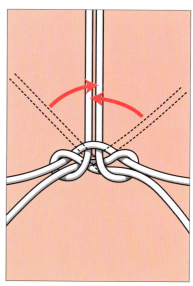

⑥ 裏返して元の交差を揃える。

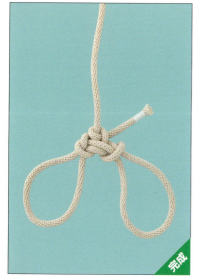

⑦ 結び目を引き締めて完成。さらに端をひと結び(P32)で補強してもいい。

完成

アドバイス 足の通し方

負傷者の両足を左右の輪に通し、残った元をわきの下の部分で巻けば上体を支えられる。端を長く残しておき、わきの下でも体を支えられるように巻けば、自分でロープをつかめない負傷者にも使える。端は元にふた結び(P33)で固定する。

第7章 緊急時

豆知識 スペインもやい結びは結び方がやや複雑。形を整えながら慎重に結ぶようにする。

161

シーツやカーテンをつなぐ

本結び+止め結び

ロープがないときにシーツやカーテンで代用する方法。途中で裂けたり切れたりしない強度があるか確認すること。

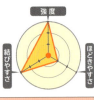

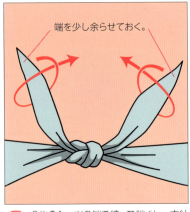

端を少し余らせておく。

① 2枚のシーツの端を絞って細くし、本結び（P27）でつなぎ合わせる。

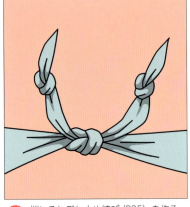

② 端にそれぞれ止め結び（P25）を作る。

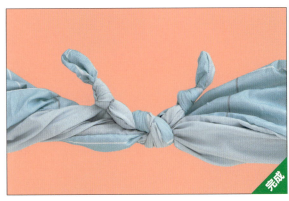

③ 本結びのほうに寄せながら、結び目を引き締める。同じ方法で布をつなげばさらに長さを確保できる。

完成

アドバイス シーツやカーテンを裂くには？

ロープの代わりにシーツやカーテンを避難用として使わなければならなくなったとき、手元にナイフがなかったら？　そんなときはコップなどガラス製品を割ってシーツやカーテンに切れ目を入れればよい。

 ロープの代用は、シーツやカーテン以外に、バスタオル、毛布なども使える。薄手のものは切り裂くことなくそのまま使うほうがよい。

ベルトをつなぐ

ウォーター・ノット Water Knot

平たいひも状のものをつなぐときの結び。古いものは荷重がかかると切れる危険があるので、まず強度を確認しよう。

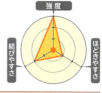

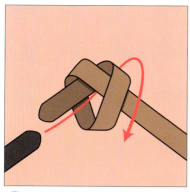

① ベルトの一方の端を止め結びにする。

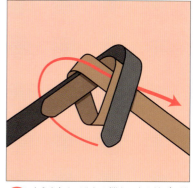

② もう1本のベルトの端を、止め結びに沿わせるように通す。

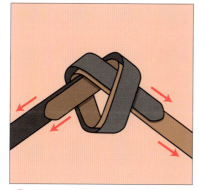

③ 2本のベルトが重なった止め結びができたら、両方の端を引く。

④ 結び目をしっかり引き締める。端を十分長くとること。

アドバイス 丸いロープには向かない

ウォーター・ノットはベルトやスリングなど平たいひも状のものをつなぐときに使われる結びで、一般的な丸いロープの連結には向かない。また、平たいひもであっても、端が短いとほどける危険がある。どちらの端も十分に長さをとってきつく締めるように。

豆知識 ウォーター・ノットは登山ではテープ・ノット（テープ結び）と呼ばれる。また、日本ではふじ結びと呼ばれることもある。

第7章 緊急時

2 命綱を作る

溺れている人に投げてつかまらせる命綱。投げる際、先端に大きめのコブがあると、思ったところに投げやすく、つかむほうも握りやすい。

ロープの端に大きなコブを作る①

命綱結び

端に握りやすい形状の大きなコブを作る方法。時間の余裕がない場合は、止め結びや8の字結びでコブを作って投げる。

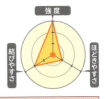

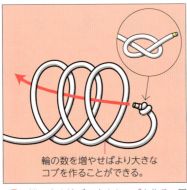

① 端に止め結びで小さなコブを作る。図のように重ね合った輪を3つ作る。

輪の数を増やせばより大きなコブを作ることができる。

② 端を輪に通して元を引く。

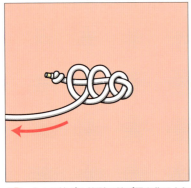

③ 3つの輪が1箇所で結び目を作るように元と端を引いていく。

④ 結び目の形を整えながら引き締める。

豆知識 命綱結びも投げ結びも遠くに投げられるが、結びに時間がかかるのが難点。1秒を争うような場合は8の字結びなどスピーディーに結べる結びを。

ロープの端に大きなコブを作る②

投げ結び Heaving Line Knot

重量のある大きなコブなので、ロープを遠方まで投げられる。
さらに強度を上げたい場合は、端を止め結びで補強する。

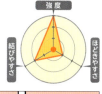

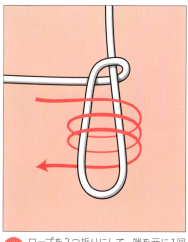

① ロープを2つ折りにして、端を元に1回巻いておく。

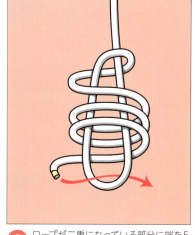

② ロープが二重になっている部分に端を5〜10回巻きつける。

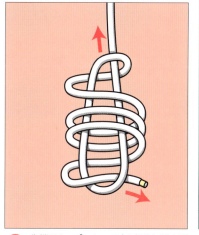

③ 先端のループになっている部分に端を通す。

④ 元と端を引っ張り結び目を引き締めたら完成。

第7章 緊急時

 水難用救命ロープは、水に浮き、色鮮やかで視認性が高いものが適している。

3 包帯の巻き方

包帯の種類と特徴

包帯にはいくつか種類があり、使う部位や治療の目的などによって使い分けられている。それぞれの特長や用途を覚えておくと、いざというときにあわてずに済む。

▶包帯の種類と特徴

伸縮包帯
伸縮性、通気性に優れており、一般的な包帯処置に適している。

非伸縮包帯
伸縮性がなく、通気性、吸湿性に優れた包帯。部位をしっかり固定するのに適している。

弾力包帯
特殊織、特殊加工を施した高い伸縮性を持つ包帯。屈曲部にもフィットし、圧迫固定などの処置に適している。

弾性包帯
弾性繊維を使用し、高い伸縮性を持った包帯。屈曲部にもフィットし、圧迫固定などの処置に適している。

粘着包帯
生地の片面に粘着材が塗付された包帯。捻挫などの患部固定や、圧迫固定、チューブなどの固定に用いられる。

ネット包帯
ネット状に編まれた筒状の包帯。高い伸縮性を持ち、指や手・足、頭部、胸部など各所に用いられる。

チューブ包帯
筒状に編まれた包帯。通気性、吸湿性に優れ、ギプスの下巻やオペ時の保温などさまざまな使い方が可能。

商品協力：日本衛材株式会社　http://www.eizai.co.jp/

 包帯どめ、包帯用テープ、ガーゼ、ハサミなどは、包帯といっしょに保管しておきたい。

腕や脚に巻く（太さが同じ箇所に巻く）

腕や脚などの太さが変わらないところに巻く包帯の基本的な巻き方。包帯を引くのではなく、肌の上を転がすようにして巻く。引いてしまうと、締めつけが強くなりすぎるので注意が必要。始端と末端の止め方はほかの巻き方でも使う。

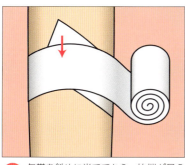

① 包帯を斜めに当ててから、始端が見えるように1回巻く。

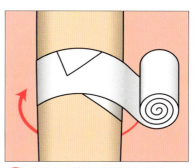

② 見えている始端の部分を折り返す。

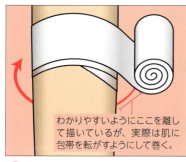

わかりやすいようにここを離して描いているが、実際は肌に包帯を転がすようにして巻く。

③ 始端を固定するために1～2回巻く。肌の上で転がすように。

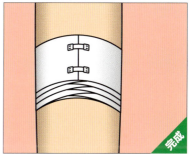

④ 包帯の幅の1/2～2/3ほどを重ねながら巻いていく。巻き終わりは数回同じ場所に巻き、包帯どめかテープで固定する。

完成

アドバイス　包帯どめやテープがなかったら？

包帯どめやテープなど最後をとめるものがなかったら、包帯を縦に裂いて片方をひと巻きしてから本結び（P27）で結んでおこう。

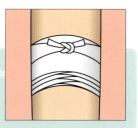

豆知識　伸縮包帯は、どのくらい伸びるかが伸縮率で表される（例えば、伸縮率2倍など）。

第7章　緊急時

腕や脚に巻く（太さが変わる箇所に巻く）

腕や脚でも太さが変わる部分に巻く場合は、やり方を知っていないとうまくいかない。斜めに折って固定する方法に慣れるため、1度自分で脚などに巻いてみるといい。角度は太さの変化に合わせて調整する。

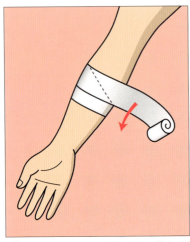

❶ 包帯を一巻きしたら図のように斜めに折る。

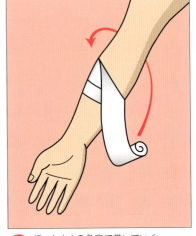

❷ 折ったままの角度で巻いていく。

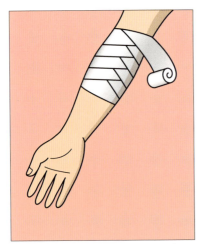

❸ これを何度か繰り返せば、太さが変わる部分にも巻ける。

❹ 巻き終わりは数回同じところで巻いて包帯どめかテープで固定する。

 出血したらまず止血を。傷の上に清潔なガーゼや布を当ててしっかり押さえる。布がない場合は指や手のひらを使う。出血が治まるまで押さえ続けること。

手に巻く

手のひらや手の甲を負傷したときに使う巻き方。手は締めつけすぎるとうっ血しやすいので、引っ張らずに転がすように巻いていくことを心がける。

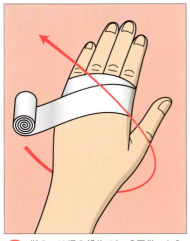

① 指のつけ根の部分で1〜2回巻いたら、手の甲にかかるように斜めに巻く。

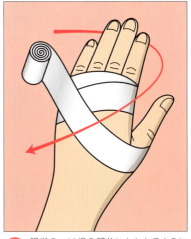

② 親指のつけ根の部分にもかかるように巻き、小指のつけ根に向かって巻く。

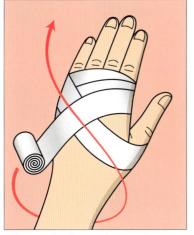

③ 少しずつずらしながら、同じように巻いて患部をカバーできるまで繰り返す。

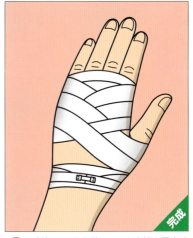

④ 手首で1〜2回巻いてから末端を固定する。

 止血には脱脂綿やティッシュペーパーは使わないこと。細かい繊維が傷口について化膿の原因になるからだ。

手の指に巻く

手の指は特に細いので慎重に巻いて締めつけすぎないように。細い部分に巻いてから、指のつけ根や手首など太い部分に巻いて固定するとずれにくくできる。

❶ 指の先に包帯を縦にかけてから、90度に折って巻いていく。

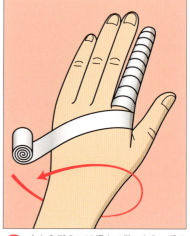

❷ 上から指のつけ根まで巻いたら、手の甲に向かって巻く。

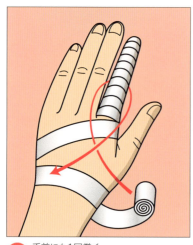

❸ 手首にも1回巻く。

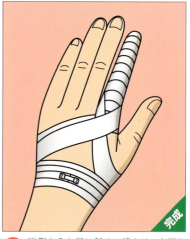

❹ 逆側からも指に斜めに絡ませ、末端を固定する。

豆知識　心臓より高いところに傷口を上げるのが止血の基本。

肘や膝に巻く

曲げ伸ばしできる関節部分は包帯を巻いてもずれやすいので注意が必要。関節の近くから徐々に離れるように、関節をはさんで交互に巻いていくのがポイントで、こうすることでずれが起きにくくなる。

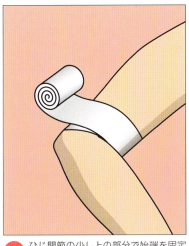

① ひじ関節の少し上の部分で始端を固定し、1〜2回巻く。

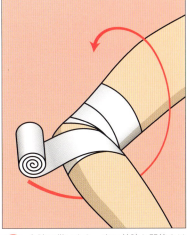

② 上腕に巻いたら、次に前腕と関節をはさんで交互に巻いていく。

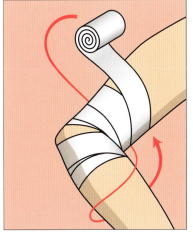

③ 徐々に関節から遠ざかるように重ねながら巻くのがポイント。

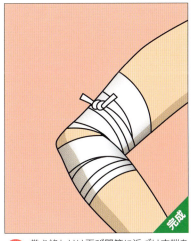

④ 巻き終わりは再び関節に近づけ末端を固定する。

豆知識 曲げ伸ばしがある箇所への包帯は巻きにくく、ずれやすい。ネット包帯なら伸縮性が高く、固定しやすい。

足に巻く

足の裏や足の甲などを負傷した際も、その部分に包帯を巻いてから足首で固定するとずれにくく、しっかり巻くことができる。少しずつずらしながら重ねて巻くことでずれが起きにくくなる。

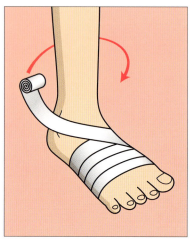

① 脚の先の方から包帯を少しずつずらしながら巻いていく。

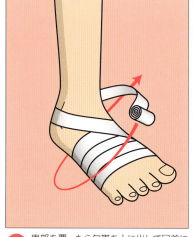

② 患部を覆ったら包帯を上に出して足首に巻く。

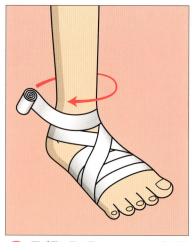

③ 再び足の甲に巻いてからもう一度足首へ。

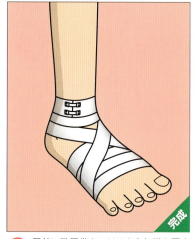

④ 足首に数回巻きつけてから包帯を固定する。

豆知識 ここで紹介したのは出血を止めるときなどに使う巻き方で、足首をしっかり固定する必要がある「ねんざ」には向かない（ねんざの応急処置はP175）。

足の指に巻く

足の指は短いため、重ねながら少しずつずらしていく巻き方がしにくい。そのため、包帯をらせん状に巻くことで包帯同士が接触する面積を増やしてずれにくくする。

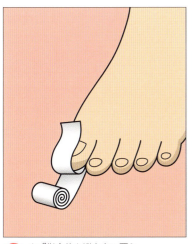
① まず指全体を縦方向に覆う。

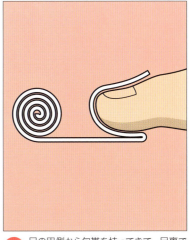
② 足の甲側から包帯を持ってきて、足裏で折り返して指をつつみ込む。

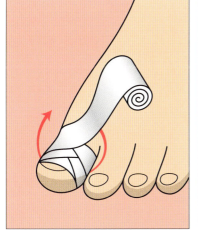
③ 指の先のほうから根本に向かってらせん状に巻いていく。

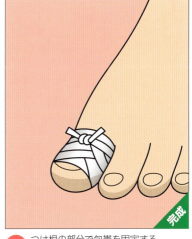
④ つけ根の部分で包帯を固定する。

第7章 緊急時

 しっかり固定したい場合は、巻き終わってから隣の指とまとめて巻くという方法もある。

4 三角巾を使った応急手当

包帯に比べて伸びない素材でできている三角巾は、腕や脚などの関節を固定するのに用いる。基本的な使い方を覚えておくと、緊急時に役立つことが多いはずだ。

三角巾で腕を吊る

腕を骨折や脱臼などした場合には、肩と肘の関節が動かないように固定するのがポイント。大きめの三角巾で肘関節から前腕までをつつみ込むと固定しやすい。

① 三角巾を広げて一端を肩に掛ける。肘関節を直角に曲げて図のように三角巾の上に置く。

本結びで結ぶ。

② 下の端を腕ごとつつみ込むように上に持ってきて、上側の端と本結び(P27)で結ぶ。

完成

③ 余った角を肘をつつむように折り返し、安全ピンなどでとめる。

豆知識　バンダナなどの大きめの布も三角巾の代用として使える。

足首を巻く

ねんざした関節は、できるだけ動かないように固定して安静にすることが大切。三角巾が1枚あるだけで、思った以上にしっかり固定できる。足首の関節に使う際は、三角巾をたたんで帯状にする。

アドバイス 三角巾を帯状にするたたみ方

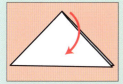
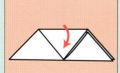
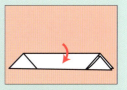

❶三角巾を2つに折る。

❷さらに角から折って帯状に。

❸もう1回折ると帯状になって使いやすい。

1 ねんざした状態で靴を脱ぐと、腫れで履けなくなる場合があるので、履いたまま固定。足裏の中心に三角巾を当てる。

2 足首の裏側で交差させ、端を前に持っていく。

3 端を前でも交差させ、それぞれの端を❷で巻いた下に通す。

4 端を再び前に引いて、十分に固定できる位置で本結びにする。

豆知識 ねんざや打撲には RICE 療法を。①安静にして (Rest)、②患部を冷却し (Ice)、③患部を圧迫し (Compression)、④高くあげる (Elevation)。

第7章 緊急時

5 ケガをした人を運ぶ

災害時、あるいは山中などでケガをした人を運ばなければならない場面では、ロープやテープスリングのほか、簡易担架の作り方も知っておくと役に立つ。

動けない人を背負う①

束ねたロープを脚にかけて背負う

束ねたロープがあるだけでも、負傷した人を背負うことができる。ロープの長さは20m分ほどあると背負いやすい。

① 最後に結ぶ分の長さを残して両手でロープを持ち、まとめたい長さに合わせて手を広げる。

② 右手で持ったロープを左手に渡す。

③ ロープが輪になるように左手で持つ。

④ この動きを繰り返すと、ロープを好きな大きさにまとめることができる。

豆知識 ねんざと打撲の冷却には氷や保冷剤を入れたビニール袋を患部に当てるのがよい。

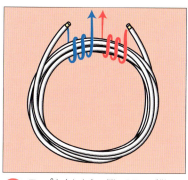
⑤ ロープを束ねたら、端で5回ほど巻く。

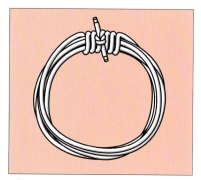
⑥ 両端を本結び(P27)や外科結び(P83)で強く結ぶ。

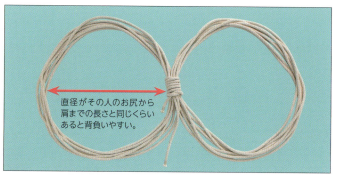

直径がその人のお尻から肩までの長さと同じくらいあると背負いやすい。

⑦ 束ねて輪にしたロープを結び目を起点に2つに分ける。

⑧ 結び目の部分に負傷者を座らせるような形で、輪の部分に肩を通して背負う。

⑨ 背負う際には負傷者に立ってもらうか、少し高いところに座ってもらうと背負いやすい。

 骨折が疑われるときは骨折した部分を中心にその近くの関節まで含めて添え木を当てて三角巾などで固定する。骨折部位に力が掛からないように。

第7章 緊急時

動けない人を背負う②

スリングを使って背負う

スリングを脇と膝の裏に掛けて背負う方法。テープが当たるところは当て布すれば痛みが軽減できる。

アドバイス スリングの種類

スリングは輪になっているものが登山用品店などで売っているが、輪になっていないテープ状の丈夫なひもを結んで輪にすることも可能。その場合はウォーター・ノット（P163）を使う。

① テープスリングがわきの下と、膝の裏にくるように負傷者に掛ける。

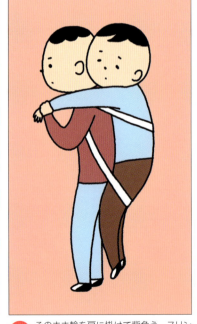

② そのまま輪を肩に掛けて背負う。スリングが食い込む場合は、そこに布を当てるといい。

豆知識 医療機関へ負傷者を運ぶときは必ず数名で。患者をできるだけ動かさないで運ぶには1人では難しい。

簡易担架の作り方

毛布を使って担架を作る

長めの丸木と毛布が1枚あれば、簡易的な担架を作ることができる。ロープを使えば毛布を固定することも可能だ。ただ、あくまでも緊急用のものなので、強度をよく確認してから使おう。

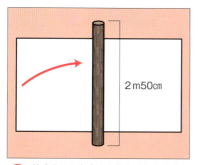

① 約2.5mの丸木を2本と毛布を用意する。毛布を広げ1本を長辺の真ん中に置く。

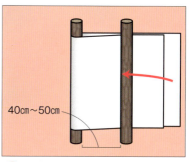

② 丸木の部分で毛布を折り返し、40～50cm離してもう1本の丸木を置く。

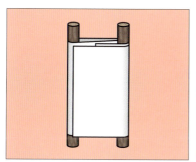

③ もう一方の毛布も折り返し、図のような形にする。この状態でも人を運べる。

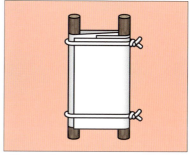

④ ロープを2本かけて外科結び(P83)などで固定する。

アドバイス 2本の棒とシャツで作る簡易担架

2本の棒にイラストのようにシャツを通せば簡易担架ができる。シャツを何枚か重ねて通せば強度がアップする。登山ではストックを何本か重ねれば棒代わりになる。

豆知識　ここで紹介した簡易担架は実際に災害現場などでも見られるもの。負傷者の体をできるだけ水平に保って無理のかからない状態で運ぶようにしよう。

アドバイス　防災袋に入れておきたいロープと付属品

災害などの緊急時に持ち出す防災袋には、ロープを入れておくと何かと役立つ。ロープの素材は長期の保存に耐えられるもので、水に濡れても強いビニロンやクレモナがいい。また、防災袋とは別に太さ10mm、長さ20mほどのロープを自宅に常備しておくと、緊急時に危険な場所から脱出する際などに使える。
できれば次の3種類のロープと補助具を備えておきたい。

防災袋にはロープとロープの補助具を入れておこう。
(商品提供：Relieved Life　オリジナル防災セット)

▶防災袋に入れておきたいロープ

- 太さ12mm、長さ10〜20mのロープ1本
  (人命救助や緊急脱出用)
- 太さ6〜8mm、長さ10m程度のロープ2本
  (テントや担架を作るため)
- 太さ2〜3mm、長さ30m程度のロープ1本
  (必要な長さに切って使う)

太めのロープならホームセンターで売っている金剛打ちのビニロンロープ、細めのロープならアウトドアでよく使われるパラコードが防災用に適している。

▶ロープの補助具

- アウトドア用のカラビナ数個 (耐荷重の書いてあるアウトドア用のものを選ぶ)
- 当て布に使えるバスタオル
- 十徳ナイフ (ロープを切ったりほどいたりする際に使う)

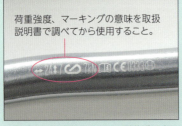

荷重強度、マーキングの意味を取扱説明書で調べてから使用すること。

カラビナは装飾用ではなく、耐荷重の書いてあるアウトドア用のものを入れておこう。

ロープを切断するときに役立つのが波刃(セレーションブレード)。十徳ナイフに付属していることもある。

豆知識　消防庁発行『わたしの防災サバイバル手帳』は火災、地震、風水害などの災害からの守り方が書かれた無料ガイドだ。ぜひ入手しておこう。

第8章

ロープの
保管とまとめ方

ロープを車のトランクに入れっぱなしにしていませんか？　ロープを長持ちさせ、安全に使えるようにするためには適切な保管方法が必要です。ここでは保管に役立つまとめ方を紹介しました。

1 ロープの端をとめる

ロープの端の切断面はそのままにしておくと、ほつれてしまう。ほつれたロープは強度や寿命も落ちてしまうので、切断面はきちんと処理しておく必要がある。

応急措置で簡単にとめる

熱で溶かす

化繊ロープの切断面はライターなどの火で溶かして固めることができる。溶けて柔らかくなったら、少し冷ましてから指などで形を整える。

① ロープの切断面を火であぶって溶かす。

② 少し冷まして指で触れるくらいの温度になったら、形を整えて固める。熱いうちに触ると火傷をするので注意。

テープでとめる

切断する箇所を粘着テープなどでとめる方法もある。ただ、一時的な方法であり、そのまま使い続けるとテープがはがれてしまうので、長期の使用には向かない。

方法❶

切断する部分にテープを貼っておき、その上からカットする。

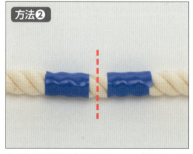

方法❷

カットする部分を挟むようにテープを貼っておき、その間をカットする方法もある。

豆知識　三つよりロープは端どめがしていないと、どんどんほつれてしまう。時間がないときはテープどめでもいいが、後でホイッピングやバック・スプライスでとめよう。

端を糸で巻いてとめる

ホイッピング Whipping

ロープの端にタコ糸などを巻いてとめる方法（ホイッピング）は、ロープの種類を問わず使える。糸の太さはロープの直径の1/10程度がいい。

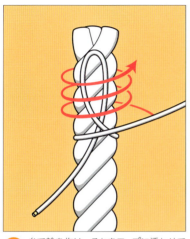

① 糸で輪を作り、それをロープに添わせて上から糸を巻きつける。

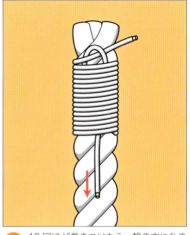

② 10回ほど巻きつけたら、輪の中に糸の端を通す。

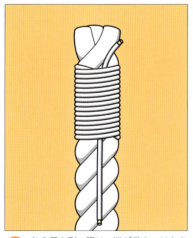

③ 糸の元を引っ張り、端が巻きつけた糸の中に隠れるようにする。

④ 余った端を切り落としてできあがり。

豆知識　ホイッピングに使うタコ糸にはろうを染み込ませてから巻くとより丈夫になる。

三つよりロープの端を編んでとめる①

クラウン・ノット Crown Knot

三つよりロープは、3本あるストランドを編んで端をとめることができる。端をほどいてストランドを取り出し、お互いに編み合わせる。

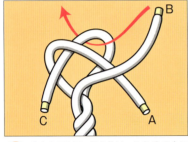

① 3本のストランドを分け、AをCの上に重ね、Bとの間に通す。

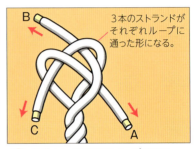

② BをAとCでできたループに通す。

3本のストランドがそれぞれループに通った形になる。

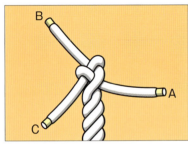

③ 3本のストランドを引っ張って結び目を引き締める。

④ 余ったストランドを切れば完成。

完成

アドバイス　ウォール・ノット　3本のストランドを編むのに「ウォール・ノット」という方法もある。

❶3本のストランドを取り出し、AをCの下に重ねる。

❷CをAとBの下に回す。BをCの下から回してAのループに通す。

❸3本のストランドがそれぞれのループに下から通された形になる。

❹結び目を引き締め、あまった端を切ったら完成。

豆知識　デイパックやザックについているテープが長く余る場合、折りたたんで幅長のゴムでとめておこう。長いままだとひもが引っ掛かって転倒といった事故につながることも。

三つよりロープの端を編んでとめる②

バック・スプライス Back Splice

クラウン・ノットやウォール・ノットで端を編んでから、さらに編み込んで止める方法。手間はかかるが、その分丈夫に仕上げることができる。

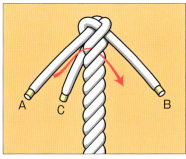

① クラウン・ノットで編んだ状態から、Aにつながる元をほぐして、そこにAを通す。

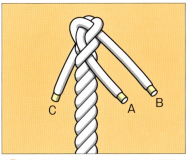

② B、Cそれぞれのストランドでも同じように元をほぐして通す処理をする。

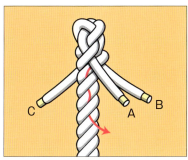

③ さらに、それぞれのストランドに1本おきに通す。

④ ストランドの端まで編み込んだら完成。

アドバイス　端をほぐす「スパイク」とは？

三つよりロープの端をほぐすのに「スパイク」は欠かせない用具だ。スパイクは先が尖った棒状の用具で、金属製、木製、鹿角製などがある（ヨットなどのマリンスポーツでは専用ナイフにスパイクが付属しているものがある）。

豆知識 三つよりロープの端どめはバック・スプライスがおすすめ。端が丈夫になり、ハードな使用にも耐えられる。

2 ロープをまとめる

使い終わったロープはきれいにしまっておくと長持ちする。ロープのまとめ方やしまい方にもポイントがあるので、紹介しておこう。

ロープのわがね方

この矢印の向きがよりが緩む方向。この向きに巻けばロープに無理な力が掛からない。

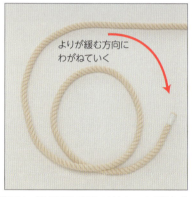

よりが緩む方向にわがねていく

三つよりロープを輪にしてまとめる（わがねる）際には、巻く方向に気をつけたい。よりの向きと巻く向きがあっていないと型崩れの原因となるのだ。基本的には、ロープがより緩む方向にわがねていけば間違いない。Ｚよりのロープは時計回りにわがねる。

短いロープや細いロープのわがね方

短いロープや細いロープは手の甲を使ってわがねるか、写真のように指を使ってわがねる。8の字にしておくと細いロープでもからみにくくなる。

長いロープのわがね方

10m程度の長さがあるロープなら、手と肘をつかってわがねる。手にロープの端を持ち、元を肘に掛けてから手に戻すように巻いていくときれいにわがねられる。

豆知識 20m以上の長いロープの場合は、腕を広げてまとめていくのがよい（P176）。最後は束ねたロープの真ん中で何重かに巻いてはな結び（P28）で結ぶ。

ロープのまとめ方①

棒結び

細いロープをからませずに美しく、コンパクトにまとめる方法。ただ、小さく何度も巻きつけることになるので、ロープが傷みやすいという欠点がある。

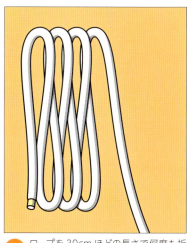

① ロープを30cmほどの長さで何度も折り返してたたむ。

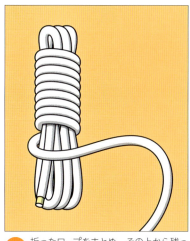

② 折ったロープをまとめ、その上から残ったロープを巻きつける。

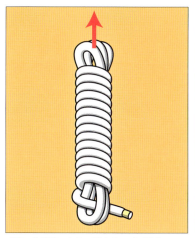

③ 全部巻いたら、端をループに通す。

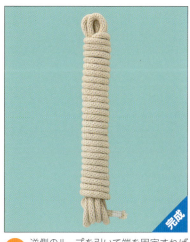

④ 逆側のループを引いて端を固定すれば完成。

 棒結びはほどくときにキンク（P23）ができやすいという欠点がある。

ロープのまとめ方②

えび結び

まとめた形がえびに似ていることから名づけられた。携帯しやすく、使うときにほどきやすい。細めのロープに向いている方法で、ボーイスカウトでよく使われている。

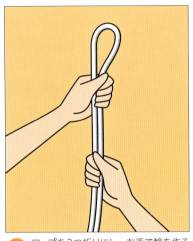

①ロープを2つ折りにし、左手で輪を作るように持つ。

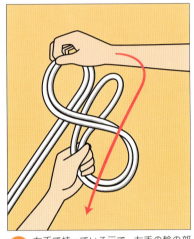

②右手で持っている元で、左手の輪の部分に小さい8の字を描くように掛ける。

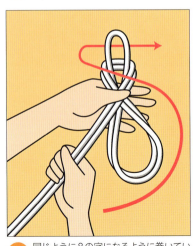

③同じように8の字になるように巻いていく。

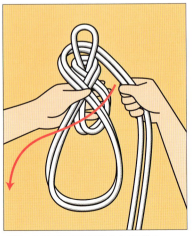

④さらに8の字を重ねるように巻く。

豆知識 えび結びはほどくときに絡みにくく、両端を同時に確保できるというメリットがある。

⑤ 巻きを増やすたびに左手でロープが交差する部分を持ち直し、丁寧に巻く。

⑥ ロープの残りが短くなったら8の字に巻くのをやめる。

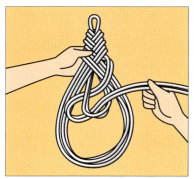

⑦ 最初に作った8の字の下の輪に2つ折りにした端を通す。

端の2本を引っ張るとほどける。

⑧ 上に出ている最初の輪を引くと、全体が引き締まる。

⑨ 完成。上の輪をフックなどに引っ掛けて保管しておく。

 ロープはきれいに巻いて吊り下げて保管する習慣をつけよう。湿ったロープを乾かす、砂がつきにくいといったメリットがある。

第8章 ロープの保管とまとめ方

189

ロープのまとめ方③

ファイヤーマンズ・コイル Fireman's Coil

細く長いロープをまとめるのに有効な方法。素早くまとめることができ、結び方も簡単だ。ただ、ほどいたときにからみやすいという欠点がある。

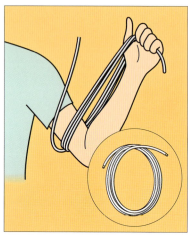

① ロープをわがねる。

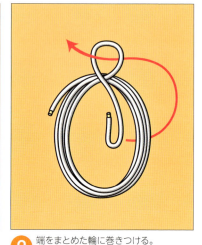

② 端をまとめた輪に巻きつける。

端が引き解けの形になっているので簡単にほどくことができる。

③ 図のようにもう一巻きしてからループに端を通す。

④ 結び目を引き締めれば完成。

豆知識 コイル状にまとめるとほどくときにからみやすい。バラバラにならないように端からゆっくりほどいていくこと。

さくいん

あ

井の字掛け ································ 113
命綱結び ································· 164
ウォーター・ノット ···················· 163
ウォール・ノット ····················· 184
内掛け結び ······························ 97
裏十字 ·································· 141
裏二の字 ································ 141
えび結び ································ 188
円形マット結び ··················· 147・148
オルブライト・ノット ··················· 96

か

ガースヒッチ ···························· 89
垣根結び ··························· 117・142
角縛り ·································· 64
片解け本結び ···························· 52
固め止め結び ···························· 43
固め結び ························· 46・144
かます結び ······················ 116・132
キの字掛け ···························· 112
靴ひもの結び ······················ 136-139
クヌート・ヒッチ ······················· 60
クラウン・ノット ····················· 184
グランベル結び ························· 92
クローブ・ヒッチ ······················· 90
外科結び ································· 83
交差結び ································ 114
腰掛け結び ···························· 152
粉屋結び ································ 128

さ

三角巾の巻き方 ··················· 174・175
締め結び ································ 127
十字掛け ·························· 111・120
筋交い縛り ······························ 66
スペインもやい結び ··················· 160
スリングの掛け方 ······················· 89
外掛け結び ······························ 98

た

ターバック結び ························· 91
たが結び ································ 150
縦結び ·································· 82
ダブル・クリンチ・ノット ············· 106
卵形マット結び ························ 149
樽結び ·································· 125
縮め結び ·························· 30・56
ツーバイト ······························ 89
テグス結び ······························ 29
てこ結び ··························· 38・61
電車結び ································ 95
止め結び ·························· 25・115

止め結び継ぎ

止め結び継ぎ ···························· 28
トラッカーズ・ヒッチ ················· 130

な

投げ結び ································ 165
二重8の字結び ········· 36・50・88・94・104・158
二重テグス結び ················ 55・60・85
二重止め結び ·························· 124
二重巻き結び ·························· 118
二重もやい結び ························ 154
ねじ結び ·························· 40・134

は

はさみ縛り ························· 68・70
端どめ ···························· 182・183
バタフライ・ノット ················ 35・87
8の字結び ····················· 26・42・74
バック・スプライス ··················· 185
はな結び ······················ 28・136・137
張り綱結び ······························ 47
パロマー・ノット ····················· 102
引き解け締め結び ···················· 31・48
引き解け結び ··························· 51
一重つぎ ································ 53
ひと結び ································ 32
ひばり結び ············· 45・73・123・143・145
びん吊り結び ·························· 126
ファイヤーマンズ・コイル ············· 190
二重つぎ ·························· 54・84
ふた結び ···················· 33・41・44・129
フリー・ノット ························ 105
プルージック・ノット ·················· 49
ホイッピング ·························· 183
包帯の巻き方 ···················· 167-173
棒結び ································· 187
本結び ······················· 27・82・162

ま

巻き結び ················ 32・72・76・145・146
丸太結び ································ 76
ミッテルマン・ノット ··················· 86
もやい結び ······················ 34・39・146
もやい結び（変形） ················· 78・80

や・ら

床縛り ······························ 62・63
ユニ・ノット ·························· 103
よろい結び ···························· 157
ラウンドターン ························· 89
漁師結び ································ 101
連続止め結び ·························· 155
連続8の字結び ························· 156
ロープ・テークル ················· 58・135

191

●著者紹介

小暮幹雄（こぐれ みきお）

明治学院大学卒。1964年、ボーイスカウトとして米国派遣。67年、ボーイスカウト国際指導者養成機関の日本ギルウェル・コース修了。84年、カナダ・米国、97年、英国ボーイスカウト連盟にて研修。NHKまる得マガジン、NHK文化センター、ほかテレビ等で講師を務める。ボーイスカウト日本連盟リーダートレーナー、東京連盟副コミッショナー、理事等を歴任。The International Guild of Knot Tyers日本人初の会員。結び文化研究所 所長兼主任学芸員、日本結び文化学会会員。結びの伝道師として『結び』の普及啓蒙に活躍中。17年、日本文化振興会 国際アカデミー賞受賞。主著『ひもとロープの結び方便利手帳』（小社刊）、『暮らしにすぐに役立つ ひもとロープの結び方』（NHK出版）、『庭仕事のロープテクニック』（誠文堂新光社）。

本文デザイン●大田治子（株式会社ウエイド）
イラスト●関和之・原田鎮郎・渡辺信吾・大田治子（株式会社ウエイド）
写　　真●嶋田圭一（嶋田写真事務所）
編集協力●三輪高芳（パケット）
編集担当●山路和彦（ナツメ出版企画）

本書に関するお問い合わせは、書名・発行日・該当ページを明記の上、下記のいずれかの方法にてお送りください。電話でのお問い合わせはお受けしておりません。
・ナツメ社webサイトの問い合わせフォーム
https://www.natsume.co.jp/contact
・FAX（03-3291-1305）
・郵送（下記、ナツメ出版企画株式会社宛て）
なお、回答までに日にちをいただく場合があります。正誤のお問い合わせ以外の書籍内容に関する解説・個別の相談は行っておりません。あらかじめご了承ください。

ナツメ社Webサイト
https://www.natsume.co.jp
書籍の最新情報（正誤情報を含む）はナツメ社Webサイトをご覧ください。

オールカラー！ 早わかり ひもとロープの結び方

2018年7月1日　初版発行
2021年7月1日　第5刷発行

著　者　小暮幹雄
発行者　田村正隆

©Kogure Mikio , 2018

発行所　株式会社ナツメ社
東京都千代田区神田神保町1-52　ナツメ社ビル１F（〒101-0051）
電話　03(3291)1257(代表)　FAX　03(3291)5761
振替　00130-1-58661
制　作　ナツメ出版企画株式会社
東京都千代田区神田神保町1-52　ナツメ社ビル３F（〒101-0051）
電話　03(3295)3921(代表)
印刷所　広研印刷株式会社

ISBN978-4-8163-6478-5　Printed in Japan
〈定価は表紙に表示してあります〉〈落丁・乱丁本はお取り替えします〉

本書の一部分または全部を著作権法で定められている範囲を超え、ナツメ出版企画株式会社に無断で複写、複製、転載、データファイル化することを禁じます。